Dr. Stefan Kornmacher

•

Chancen und Risiken der eingetragenen Lebenspartnerschaft

Chancen und Risiken der eingetragenen Lebenspartnerschaft

Rechtliche Auswirkungen und Gestaltungsmöglichkeiten

Dr. Stefan Kornmacher
(in Zusammenarbeit mit dipl. iur. Kristin Kersenbrock)

Titelbildgestaltung: Angela Gruber

Projektmanagement + Public Relations
Düsternbrook Concepts GmbH
Moltkestr. 39, 24105 Kiel
Telefon (0431) 80 67 89

Herstellung und Verlag: Books on Demand GmbH, Norderstedt
ISBN 3-8334-1278-X

Inhalt

Abkürzungsverzeichnis 12

A. Einleitung: 13

B. Entstehungsgeschichte: 15

C. Begründung der Lebenspartnerschaft: 18

I. „Verlöbnis“ 18

II. Voraussetzungen zur Begründung der Partnerschaft 18

1. Volljährigkeit 18

2. Verwandtschaftsverbot 19

3. Keine anderweitige Ehe oder Lebenspartnerschaft 19

4. Keine Scheinpartnerschaft 19

5. Rechtsfolgen eines Begründungshindernisses 20

III. Zuständige Behörde 20

IV. Vermögensstand 21

1. Ausgleichsgemeinschaft 22

2. Vermögenstrennung 23

3. Formerfordernisse 24

a. Allgemein 24

b. Auslandsbezug 24

V. Begründung der Lebenspartnerschaft in Deutschland 25

VI. Begründung der Lebenspartnerschaft im Ausland 25

D. Auflösung der Lebenspartnerschaft: 27

I. Voraussetzungen 27

II. Trennung 28

1. Getrenntleben 28

2. Wohnungszuweisung 29

3. Hausratsverteilung 30

III. Wohnungszuweisung und Hausratsverteilung 31

1. Hausrat 31

2. Wohnung 32

IV. Zugewinnausgleich 33

V. Versorgungsausgleich 34

VI. Auflösungsverfahren 35

1. Anwaltliche Beauftragung 35

2. Kosten 36

E. Wirkungen der Lebenspartnerschaft: 38

I. Allgemeine Wirkungen der Lebenspartnerschaft 38

1. Namensrecht 38

a. Allgemein 38

b. Auslandsbezug 39

2.	Partnerschaftliche Lebensgemeinschaft	39
3.	Angehörigenstatus	40
4.	Persönliches Rechtsverhältnis	41
5.	Rechtsgeschäftliche Beschränkungen	42
6.	Geschäfte des täglichen Lebens	43
7.	Zeugnis- und Eidesverweigerungsrecht	43
8.	Betreuungsrecht	44
9.	Ärztliche Auskunftspflicht	44
10.	Einkommensteuer	44
11.	Grunderwerbssteuer	45
12.	Gesetzliches Krankenkassenrecht	45
13.	Rentenversicherung und Orts- bzw. Familienzuschläge	45
14.	Unfallversicherung	48
15.	Wohngeld	48
16.	Wohnberechtigungsschein	49
17.	Arbeitslosengeld	49
18.	Arbeitslosenhilfe	50
19.	Sozialhilfe	51
20.	Ausbildungsförderung	51
21.	Prozesskostenhilfe	52
22.	Unterhaltsvorschuss	52

23. Ausländerrecht 53

24. Staatsangehörigkeitsrecht 54

II. Unterhalt 54

1. Lebenspartnerschaftsunterhalt 54

a. Doppelverdienerpartnerschaft 55

b. Zuverdienerpartnerschaft 55

c. Alleinverdienerpartnerschaft 56

2. Trennungsunterhalt und nachpartnerschaftlicher Unterhalt 56

3. Auslandsbezug 59

III. Kindschaftsrechtliche Wirkungen 60

1. „Sorgerecht" 60

a. „Kleines Sorgerecht" 60

b. „Notsorgerecht" 62

c. Auslandsbezug 62

2. Andere kindschaftsrechtliche Regelungen 63

a. Umgangsrecht 63

b. Auslandsbezug 64

3. Exkurs: Möglichkeiten ein gemeinsames Kind zu bekommen und aufzuziehen 64

a. Traditionelle Möglichkeiten 65

b. Andere Formen 65

V. Erbrechtliche Wirkungen 78

1. Gewillkürte Erbfolge 78

2. Gesetzliche Erbfolge 78

a. Gesetzliche Erben 1. Ordnung 79

b. Gesetzliche Erben 2. Ordnung 80

c. Gesetzliche Erben 3. Ordnung 81

d. Gesetzliches Erbrecht des Lebenspartners 82

e. Die nichteheliche Lebensgemeinschaft 83

3. Enterbung 83

4. Pflichtteil 83

5. Wie kann ich vererben 84

6. Öffentliches Testament 85

a. Errichtung des öffentlichen Testaments 85

b. Amtliche Verwahrung der Testamentsurkunde 86

7. Privates Testament 86

a. Errichtung eines privaten Testaments 86

b. Aufbewahrung des privaten Testaments 87

c. Ablieferungspflicht beim Tod des Erblassers 87

d. Erbschein 87

8. Gemeinschaftliches Testament 88

9. Wer kann ein Testament errichten 89

10. Was beinhaltet ein Testament 89

11. Erbschaftssteuer 89

12. Auslandsbezug 92

VI. Mietrechtliche Wirkungen der Lebenspartnerschaft 93

1. Allgemein 93

2. Rechte und Pflichten aus dem Mietverhältnis 94

a. Pflichten des Vermieters 94

b. Pflichten des Mieters 94

3. Änderung des Mietzinses 95

4. Kündigung 96

5. Auslandsbezug 97

F. Fazit 98

G. Anhang 1 99

I.Kosten 99

1. beim Standesamt 99

2. beim Notar 100

II. Welche Formulare braucht man für die Eintragung 100

1. Ledige Lebenspartner 101

2. Geschiedene, Verwitwete oder schon einmal verpartnerte Lebenspartner 101

3. Lebenspartner mit ausländischer Staatsangehörigkeit 102

III. Musterformulierungen für einen Lebenspartnerschaftsvertrag 103

1. Vermögensfragen: 103

a) Modifizierte Ausgleichsgemeinschaft 103

b) Freie Verfügungsbefugnis 104

c) Benutzung einer dem anderen Lebenspartner gehörenden Immobilie 105

d) Gemeinsamer Hausbau 106

2. Unterhaltsfragen: 108

a) Trennungsunterhalt 108

b) Nachpartnerschaftlicher Unterhalt 110

H. Anhang 2: Auszug aus dem Lebenspartnerschaftsgesetz 111

I. Anhang 3: Gesetzesänderung zum 01.01.2005 147

Register 155

Abkürzungsverzeichnis

AuslG	Ausländergesetz
BetrVG	Betriebsverfassungsgesetz
BaföG	Bundesausbildungsförderungsgesetz
BGB	Bürgerliches Gesetzbuch
EGBGB	Einführungsgesetz zum Bürgerlichen Gesetzbuch
EschG	Embryonenschutzgesetz
FamRZ	Zeitung des Familienrechts
GG	Grundgesetz
LPartG	Lebenspartnerschaftsgesetz
LPartErgG	Lebenspartnerschaftsergänzungsgesetz
SGB	Sozialgesetzbuch
StPO	Strafprozessordnung
WoGG	Wohngeldgesetz
ZPO	Zivilprozeßordnung

A. Einleitung:

In Deutschland gibt es unterschiedlichen Erhebungen zufolge eine Vielzahl homosexueller Menschen. So wird ihr Anteil an der Gesamtbevölkerung etwa auf 5 bis 10 % geschätzt[1]. Ein großer Teil von ihnen lebt mit einem Partner bzw. einer Partnerin[2] in einer Lebensgemeinschaft. Dabei wurden in wissenschaftlichen Studien über homosexuelle Lebensweisen in Deutschland erhebliche Parallelen zwischen homosexuellen und heterosexuellen Lebensgemeinschaften festgestellt. Diesbezüglich sind insbesondere die Ähnlichkeiten im Hinblick auf die Erwartungen an die Beziehung, die Ausrichtung auf die Dauerhaftigkeit, die gegenseitige Unterstützungsbereitschaft, die soziale Sicherung und das Einstehen füreinander hervorzuheben[3]. Diesem Umstand hat der Gesetzgeber durch Erlass des Lebenspartnerschaftsgesetzes (LPartG) Rechnung getragen. Zwar durfte die Ausgestaltung der Rechtsfolgen zwischen den Partnern aus verfassungsrechtlichen Gründen nicht „eheidentisch“ sein, der Gesetzgeber sah die Bindung zwischen den Partnern aber als so stark an, dass er in weiten Teilen sehr eheähnliche Regelungen mit zahlreichen Verweisungen auf die Vorschriften zur Ehe geschaffen hat.

Mit Inkrafttreten des LPartG am 1. August 2001, mittlerweile in seiner Verfassungsmäßigkeit auch vom Bundesverfassungsgericht bestätigt, steht nunmehr auch homosexuellen Personen der Weg offen, ihre Lebensgemeinschaft auf eine rechtliche Grundlage zu stellen und mit entsprechen-

---

1 Vgl. z.B. http://www.tu-chemnitz.de/Turbulenz/hetero.html oder http://www.gegenpol.net/hefte/1999/10152.html

2 Ist im Folgenden die weibliche Form nicht explizit genannt, so ist sie gleichwohl immer von den Ausführungen mit umfaßt. Um das Lesen jedoch nicht unnötig zu erschweren, ist auf die explizite Nennung der weiblichen Form verzichtet worden.

3 Vgl. Buba/Vaskovics in „Benachteiligung gleichgeschlechtlich orientierter Personen und Paare“, 2001, S. 23; Dannecker in Basedow/Hopt/Kötz/Dopffel, „Die Rechtsstellung gleichgeschlechtlicher Lebensgemeinschaften“, 2000, S. 335 – 351.

den Rechten und Pflichten zu versehen. Seit Inkrafttreten des LPartG haben bereits zahlreiche homosexuelle Paare von dieser Möglichkeit Gebrauch gemacht.

Im Folgenden sollen neben der Begründung der Lebenspartnerschaft sowohl die Rechte als auch die Pflichten, die mit der eingetragenen Lebenspartnerschaft verbunden sind, beleuchtet werden.

B. Entstehungsgeschichte:[4]

Homosexuelle Männer und Frauen hatten auf ihrem Weg zu verbindlichen Lebensgemeinschaften hohe Hürden zu überwinden. Der gesellschaftliche Aufbruch der 60er Jahre brachte zunächst die Entkriminalisierung der Homosexualität. Es folgte der Kampf um die gesellschaftliche Gleichstellung.

1969: Neufassung des Paragraphen 175: Homosexualität unter Erwachsenen ist nicht mehr strafbar.

1993: Das Bundesverfassungsgericht verneint einen Anspruch gleichgeschlechtlicher Paare auf Eheschließung. Es gibt aber zu bedenken, dass die Absicherung von Lebensgemeinschaften Homosexueller ein Thema für den Gesetzgeber sein sollte.

1994: Der „Schwulen-Paragraph" 175 entfällt ganz. Er weicht dem geschlechtsneutral formulierten neuen Paragraphen 182 über den sexuellen Missbrauch von Jugendlichen.

Oktober 1998: Die neuen Regierungsparteien SPD und Grüne beschließen in ihrer Koalitionsvereinbarung die Vorlage eines Gesetzentwurfs über behördlich eingetragene Lebenspartnerschaften

17. Januar 1999: In einem Hirtenwort zu Ehe und Familie spricht sich die katholische Kirche gegen die so genannte Homosexuellen-Ehe aus.

April 1999: Noch vor der gesetzlichen Regelung auf Bundesebene erhalten Homosexuelle in Hamburg als erstem Bundesland die Möglichkeit, eine

---

[4] http://www.n-tv.de/3054094.html, Quelle: dpa

Partnerschaft auf dem Standesamt eintragen zu lassen. Jedoch waren die rechtlichen Wirkungen nicht mit denen der heutigen Eintragung zu vergleichen.

10. November 2000: Der Bundestag beschließt mit der rot-grünen Koalitionsmehrheit das in zwei Pakete aufgeteilte LPartG. Das zustimmungspflichtige Ergänzungsgesetz (LPartErgG) wird am 1. Dezember vom Bundesrat abgelehnt.

18. Juli 2001: Das Bundesverfassungsgericht lehnt einen Eilantrag unionsregierter Länder gegen das Gesetz ab. Bayern, Sachsen und Thüringen hatten mit einem Verstoß gegen den Schutz von Ehe und Familie im Grundgesetz argumentiert.

1. August 2001: Das Gesetz über eingetragene Lebenspartnerschaften tritt in Kraft.

25. Oktober 2001: Als letztes Bundesland setzt Bayern die Lebenspartnerschaft landesrechtlich um. Während die meisten Bundesländer die Partnerschaften bei den Standesämtern registrieren lassen, ist in Bayern ein Notar zuständig.

17. Juli 2002: Das Bundesverfassungsgericht weist die Normenkontrollklage zurück und bezeichnet die Lebenspartnerschaft als mit dem Grundgesetz, insbesondere mit dem Schutz der Ehe und Familie aus Art. 6 GG vereinbar. Dabei war das Verfassungsgericht in seiner Urteilsbegründung überraschend deutlich, so dass auch noch weitergehende Gleichstellungsregelungen in Zukunft erwartet werden können.

Weitergehende Regelungen zur Gleichstellung homosexueller Partnerschaften, die insbesondere im Lebenspartnerschaftsergänzungsgesetz (LPartErgG) enthalten sind, wurden allerdings bisher durch den Bundesrat blockiert. Das Gesetz konnte daher bislang noch nicht verabschiedet werden und wird derzeit in einem Vermittlungsausschuss behandelt.

Der Lesben- und Schwulenverband in Deutschland (LSVD) hat im ersten Jahr etwa 4500 eingetragene Partnerschaften gezählt. An der Spitze steht demnach Berlin mit etwa 1000 Paaren. In der Schwulen- und Lesben-Hochburg Köln haben nach Angaben des Standesamtes rund 350 homosexuelle Paare den Bund fürs Leben geschlossen, in Frankfurt/Main waren es 172. Zahlreiche Standesämter verzeichneten den höchsten Andrang in den Wochen nach dem 1. August 2001.

C. Begründung der Lebenspartnerschaft:

I. „Verlöbnis“

Ein vorgelagertes Rechtsinstitut, das der Verlobung im Eherecht entspricht, kennt das LPartG nicht. Selbst wenn sich zwei gleichgeschlechtliche Personen versprechen, die Partnerschaft miteinander begründen zu wollen, so ist dieses Versprechen ohne familienrechtliche Konsequenz. Kommt es dann nicht zur Begründung der Partnerschaft, sieht das Gesetz keine Möglichkeit vor, („Verlobungs“-) Geschenke zurückzufordern oder Aufwendungen, die in Erwartung der Partnerschaftsbegründung gemacht wurden, erstattet zu verlangen. Hat beispielsweise der eine Partner seine Wohnung und seinen Job aufgegeben, um zu dem anderen in eine andere Stadt zu ziehen, so kann er den ihm daraus entstehenden Schaden trotz eines Partnerschaftsversprechens nicht ersetzt verlangen.

Ebensowenig reicht das bloße Versprechen, eine Partnerschaft begründen zu wollen, aus, um Zeugnis- oder Aussageverweigerungsrechte zu bejahen, wie sie Verlobten zugesprochen werden.

II. Voraussetzungen zur Begründung der Partnerschaft

1. Volljährigkeit

Die Lebenspartnerschaft kann nur von zwei volljährigen Personen des gleichen Geschlechts begründet werden. Anders als bei der Ehe kann man vom Erfordernis der Volljährigkeit nicht befreit werden. Inwieweit die Volljährigkeit bei einem Ausländer vorliegt, richtet sich nach dessen Heimatrecht.

So liegt beispielsweise die Volljährigkeitsgrenze in den USA, Neuseeland, Argentinien oder Bolivien bei 21 Jahren, so dass eine Lebenspartnerschaft mit Partnern aus diesen Ländern nur möglich ist, wenn diese mindestens 21 Jahre alt sind.

2. Verwandtschaftsverbot

Außerdem dürfen die Lebenspartner weder in gerader Linie (Eltern-Kinder; Großeltern-Enkel) miteinander verwandt sein noch darf es sich um Voll- oder Halbgeschwister handeln.

Die im Eherecht geltende Ausweitung des Eheverbots auch auf Verwandtschaftsverhältnisse, die durch Adoption entstanden sind, kommt nach dem LPartG für Lebenspartnerschaften nicht zur Anwendung[5]. Dementsprechend könnte beispielsweise eine Adoptivmutter die Lebenspartnerschaft mit ihrer volljährigen Adoptivtochter, oder der Adoptivvater mit seinem volljährigen Adoptivsohn begründen.

3. Keine anderweitige Ehe oder Lebenspartnerschaft

Die Partner dürfen zur Begründung der Lebenspartnerschaft nicht verheiratet sein oder eine andere eingetragene Lebenspartnerschaft begründet haben, ohne dass diese Ehe geschieden oder durch Tod des anderen Ehegatten beendet bzw. die andere eingetragene Lebenspartnerschaft aufgelöst worden ist. Auch für die eingetragene Lebenspartnerschaft gilt damit das Prinzip der Monogamie.

4. Keine Scheinpartnerschaft

Außerdem darf es sich nicht um eine Scheinpartnerschaft handeln. Diese ist genau wie bei der Scheinehe gegeben, wenn die Partner die Lebens-

---

5 Dieter Schwab, „Eingetragene Lebenspartnerschaft", Zeitschrift für das gesamte Familienrecht 7/2001, S. 389.

partnerschaft nicht zur gemeinsamen Lebensgestaltung, sondern aus anderen Motiven heraus begründen, beispielsweise um einem Partner eine Aufenthaltserlaubnis zu beschaffen. Die Behörden, die nach den Ausführungsgesetzen der jeweiligen Bundesländer für die Schließung der Lebenspartnerschaften zuständig sind, sind gehalten, den Verdacht einer Scheinpartnerschaft auszuräumen. Dies wird oft im Wege der Befragung der Lebenspartner erreicht. Dabei werden den Partnern in Einzelbefragungen Fragen zu ihrem Kennenlernen, ihren Gewohnheiten, Vorlieben, etc. gestellt, deren Antworten dann abgeglichen werden.

5. Rechtsfolgen eines Begründungshindernisses

Ist eines der oben in II 1 bis 4 genannten Begründungshindernisse gegeben, kann die Lebenspartnerschaft nicht wirksam begründet werden[6]. Sie ist von Anfang an unwirksam und bleibt dies auch, selbst wenn das Partnerschaftshindernis später wegfallen sollte, beispielsweise weil der Partner mittlerweile volljährig geworden ist oder sich hat scheiden lassen. Die Lebenspartnerschaft muß zu ihrer Wirksamkeit neu begründet werden.

III. Zuständige Behörde

Die zuständige Behörde zur Begründung der Lebenspartnerschaft ist in den jeweiligen Landesausführungsgesetzen zum Lebenspartnerschaftsgesetz geregelt[7].

---

[6] Art. 1 § 1 Abs. 2 Lebenspartnerschaftsgesetz (LPartG).

[7] Eine bundeseinheitliche Regelung für die Bestimmung der Behörde, die den Begründungsakt vorzunehmen hat, scheiterte daran, dass für die Änderungen der Personenstandsgesetze der Bundesrat hätte zustimmen müssen und die Verfahrensvorschriften daher im abgespaltenen Lebenspartnerschaftsergänzungsgesetz enthalten sind. Bis zum Erlaß dieses Gesetzes fällt die Ausführung in die jeweilige Länderverantwortung.

Nach den Landesausführungsgesetzen ist zuständig in:

- Baden-Württemberg: in den Landkreisen die Landratsämter und in den Stadtkreisen die Gemeinden
- Bayern: die Notare;
- Berlin: die Standesbeamten der Bezirke;
- Brandenburg: die Ämter, amtsfreien Gemeinden und kreisfreien Städte (Kommunen);
- Bremen: die Standesbeamten;
- Hamburg: die Standesbeamten;
- Hessen: die Gemeinde- und Stadtverwaltungen;
- Mecklenburg-Vorpommern: die Standesbeamten;
- Niedersachsen: die Standesbeamten;
- Nordrhein-Westfalen: die Standesbeamten;
- Rheinland-Pfalz: die Kreisverwaltungen, in kreisfreien Städten die Stadtverwaltungen;
- Saarland: die Gemeinden;
- Sachsen: die Regierungspräsidien;
- Sachsen-Anhalt: die Standesbeamten;
- Schleswig-Holstein: die Standesbeamten;
- Thüringen: das Landesverwaltungsamt in Weimar, demnächst sollen die Landkreise und Stadtverwaltungen zuständig sein.

Die notwendigen Formulare zur Begründung einer Lebenspartnerschaft werden im Anhang 1 aufgeführt.

IV. Vermögensstand

Zur Begründung der Lebenspartnerschaft ist es außerdem erforderlich, eine Erklärung über den Vermögensstand abzugeben. Die Lebenspartner können zwischen der Ausgleichsgemeinschaft, die der ehelichen Zugewinngemeinschaft entspricht, und der Vermögenstrennung als Entsprechung zur ehelichen Gütertrennung wählen.

1. Ausgleichsgemeinschaft

Entscheiden sich die Lebenspartner für die Ausgleichsgemeinschaft, müssen sie dies bei der Begründung der eingetragenen Lebenspartnerschaft angeben[8]. In einem solchen Fall verbleibt sowohl das bei Begründung der Lebenspartnerschaft vorhandene als auch das während der Partnerschaft erworbene Vermögen im Eigentum des Erwerbenden. Es gibt keine Vermischung von Eigentumsmassen. Das, was jeder für sich alleine angeschafft hat, bleibt auch in seinem alleinigen Eigentum. Dies gilt selbst dann, wenn er es während der Partnerschaft angeschafft hat. Erwirtschaftet der eine Partner im Laufe der Partnerschaft jedoch mehr als der andere, so hat der Bessergestellte an den anderen die Hälfte dieser Differenz auszukehren.

Hat Partner A beispielsweise bei Beendigung der Partnerschaft 30.000,00 € mehr als er bei der Begründung der Partnerschaft hatte, während Partner B lediglich einen Vermögenszuwachs von 20.000,00 € erwirtschaftet hat, so hat A im Verhältnis zu B einen höheren Zugewinn von 10.000 €. Hiervon hat er bei Auflösung der Lebenspartnerschaft die Hälfte des Zugewinnausgleichs, also 5000,00 € an B auszukehren.

Dies bedeutet schematisch dargestellt folgendes:

	Anfangsvermögen	Endvermögen	Zugewinn
A	10.000 €	40.000 €	30.000 €
B	10.000 €	30.000 €	20.000 €
Zugewinndifferenz zwischen A und B: 10.000 €			
Ausgleichsanspruch des B gegen A: 5.000 €			

[8] Art. 1 § 6 Abs. 1 LPartG.

Dabei sind jedoch keine Vermögensmassen auszugleichen, die aus einer Erbschaft resultieren oder die dem einen von einem Dritten geschenkt wurden, sofern dieser angeordnet hat, dass die Schenkung nicht in den Zugewinn fallen soll.

Selbst wenn also während der Lebenspartnerschaft der eine Lebenspartner eine erhebliche Erbschaft macht, z.B. erbt er das 6-Familienhaus von seiner Mutter, so ist dieses grundsätzlich bei der Berechnung des Vermögenszuwachses während der Lebenspartnerschaft nicht zu berücksichtigen. Lediglich ein etwaiger Wertzuwachs dieses Hauses während der Lebenspartnerschaft ist für den Zugewinn entscheidend. Hatte das Haus bei Anfall der Erbschaft einen Wert von 500.000 € und ist es bei der Beendigung der Lebenspartnerschaft 550.000 € wert, so ist lediglich der Wertzuwachs in Höhe von 50.000 € für den Zugewinn zu berücksichtigen. Hat das Haus keinen Wertzuwachs erfahren, bleibt es bei der Berechnung eines möglichen Ausgleichsanspruchs völlig unberücksichtigt.

2. Vermögenstrennung

Statt der Ausgleichsgemeinschaft können die Lebenspartner auch eine Vermögenstrennung vereinbaren. Wie bei der Ausgleichsgemeinschaft behält jeder das, was ihm zu Beginn der Partnerschaft gehörte und was er während der Partnerschaft zu Alleineigentum erwirbt. Im Unterschied zur Ausgleichsgemeinschaft wird bei Auflösung der Lebenspartnerschaft auch nicht verglichen, wer während der Partnerschaft ein größeres Vermögen erwirtschaftet hat, um dann einen Ausgleich vorzunehmen. Dieser Ausgleich findet bei der Vermögenstrennung gerade nicht statt.

Außerdem gibt es die Möglichkeit abgewandelte Formen der Ausgleichsgemeinschaften zu wählen, die beispielsweise einen Ausgleich nur vorsehen, wenn die Lebenspartnerschaft durch den Tod des einen Partners beendet wird. Wird die Lebenspartnerschaft dagegen durch die Aufhebung beendet, kann ein Ausgleich ausgeschlossen werden.

3. Formerfordernisse

a. Allgemein

Möchten die Partner die Ausgleichsgemeinschaft begründen, geben sie dies bei der Begründung ihrer Lebenspartnerschaft gegenüber dem zuständigen Beamten an. Eines weiteren Tätigwerdens bedarf es nicht.

Wollen die Lebenspartner aber statt der Ausgleichsgemeinschaft lieber eine Vermögenstrennung oder eine abgewandelte Form der Ausgleichsgemeinschaft vereinbaren, so müssen sie dies bei einem Notar tun.

Gleiches gilt im Übrigen auch, wenn die Lebenspartner einen bestehenden Unterhaltsanspruch für die Zeit nach der Auflösung der Lebenspartnerschaft ausschließen wollen. Für den Fall, dass die Partner beabsichtigen, entsprechend einem Ehevertrag einen Lebenspartnerschaftsvertrag zu schließen, sollte dieser unter allen Umständen vor der Begründung der Lebenspartnerschaft geschlossen werden. In diesem Fall sollte rechtzeitig ein in diesen Dingen erfahrener Notar aufgesucht werden.

Ein Muster eines Lebenspartnerschaftsvertrags findet sich im Anhang 1.

Dieser kann jedoch nur Anregungen geben und ersetzt auf keinen Fall eine fachliche Beratung, zumal diese auf den konkreten Einzelfall zugeschnitten ist.

b. Auslandsbezug

Wird eine Lebenspartnerschaft nicht in Deutschland registriert, so unterliegen die Wirkungen zum Vermögensstand einer eingetragenen Lebenspartnerschaft den Sachvorschriften des Staates, in dem die Lebenspartnerschaft geschlossen wurde.

Haben die Lebenspartner ihre Partnerschaft in einem anderen Staat registrieren lassen, so können sie dennoch die Regelungen aus dem deutschen Vermögensstandsrecht anwenden.

Voraussetzung ist allerdings, dass die Lebenspartner alle Einzelregelungen, die für sie gelten sollen, in einen Lebenspartnerschaftsvertrag aufnehmen.

Diese Einzelregelungen dürfen jedoch bezüglich des Vermögensstands nicht dem Recht des Staates widersprechen, in dem die Lebenspartnerschaft begründet wurde. Auch diesbezüglich ist es in jedem Fall empfehlenswert einen in diesen Angelegenheiten erfahrenen Notar aufzusuchen.

V. Begründung der Lebenspartnerschaft in Deutschland

Für die Frage, ob zwei Partner die Lebenspartnerschaft wirksam begründen können, wird in Deutschland nicht wie bei der Ehe vom Heimatrecht der Partner ausgegangen, sondern es wird an das Recht des Staates geknüpft, in dem sich die Partner registrieren lassen möchten[9]. Der Vorteil ist, dass auch in Deutschland lebende Ausländer, die nach ihrem Heimatrecht keine gleichgeschlechtliche Partnerschaft eingehen könnten, die Partnerschaft zumindest in Deutschland wirksam registrieren lassen können. Wer demnach seine Partnerschaft in Deutschland registrieren lässt, lebt während seines Aufenthaltes in Deutschland in einer Lebenspartnerschaft nach dem LPartG, unabhängig davon, welcher Herkunft er ist.

Bestehen zwischen denselben Personen eingetragene Lebenspartnerschaften in verschiedenen Staaten, so ist für die Regelung der Lebenspartnerschaft die zuletzt begründete Partnerschaft maßgebend[10]. Haben zwei Partner beispielsweise ihre Lebenspartnerschaft zuerst in Dänemark und dann in Deutschland begründet, so findet auf deren Partnerschaft das deutsche Recht Anwendung.

VI. Begründung der Lebenspartnerschaft im Ausland

Eine im Ausland registrierte Lebenspartnerschaft richtet sich nach den Sachvorschriften des Staates, in dem die Partnerschaft begründet wurde[11].

9 Art. 17 b Abs. 1 EGBGB.
10 Art. 17 b Abs. 3 EGBGB.

Danach können die Voraussetzungen in den unterschiedlichen Ländern variieren, so dass eine vorherige Information zu empfehlen ist. Die Wirkung der im Ausland begründeten Lebenspartnerschaft besteht auch in Deutschland. In Einzelfällen kann jedoch die Wirkung einer im Ausland begründeten Lebensgemeinschaft in Deutschland eingeschränkt werden, sofern das ausländische Recht weiter geht als das BGB oder das LPartG.

So können Lebenspartner beispielsweise nach niederländischem Recht gemeinsam ein Kind adoptieren. Ziehen die Lebenspartner dann nach Deutschland und möchten sie hier ihr nach niederländischem Recht bestehendes Adoptionsrecht geltend machen, so ist das nicht möglich, da das deutsche Recht insoweit enger ist und eine gemeinsame Adoption der Lebenspartner nicht gestattet. Bereits nach niederländischem Recht wirksam gewordene Adoptionen würden aber auch in Deutschland Bestand haben.

Sieht das Recht des Staates, in dem die Lebenspartnerschaft geschlossen wurde, demgegenüber geringere Wirkungen vor als das deutsche Recht, so hat die Lebenspartnerschaft auch innerhalb Deutschlands nur diese geringeren Wirkungen.

So wird dem Lebenspartner nach deutschem Recht beispielsweise ein sog. kleines Sorgerecht bezüglich des Kindes seines Lebenspartners zuerkannt. Wurde nun die Lebenspartnerschaft in einem anderen Staat registriert und wird nach diesem Recht dem Lebenspartner überhaupt kein Sorgerecht zugesprochen, so wird dem in Deutschland lebenden Partner auch das kleine Sorgerecht aberkannt. Die Lebenspartner sollten in einem solchen Fall überlegen, ob sie ihre Lebenspartnerschaft nicht in Deutschland registrieren lassen, damit der Lebenspartner das nach deutschem Recht vorgesehene kleine Sorgerecht ausüben kann.

---

[11] Art. 17 b Abs. EGBGB. Daraus folgt, dass die Kollisionsnormen ausser Betracht bleiben; eine Rück- bzw. Weiterverweisung gem. Art 4 I EGBGB bleibt aus.

D. Auflösung der Lebenspartnerschaft:

I. Voraussetzungen

Die Lebenspartnerschaft wird wie die Ehe durch den Tod oder durch gerichtliches Urteil (Aufhebung der Partnerschaft) aufgehoben.

Anders als bei der Ehescheidung kommt es bei der Aufhebung der Lebenspartnerschaft aber weder darauf an, ob die Lebenspartnerschaft zerrüttet ist, noch ob und wie lange die Lebenspartner getrennt leben. Für die Aufhebung der Lebenspartnerschaft kommt es anders als bei der Ehe gerade nicht auf ein in der Regel mindestens einjähriges Getrenntleben an, sondern lediglich auf die Erfüllung von Wartefristen.

Die Partnerschaft kann aufgehoben werden, wenn entweder beide Lebenspartner in einer öffentlich beurkundeten Erklärung feststellen, dass sie die Lebenspartnerschaft nicht fortführen wollen und 12 Monate seit dieser Erklärung vergangen sind oder einer der Lebenspartner diese Erklärung abgibt und seit der Erklärung 36 Monate vergangen sind[12].

Losgelöst von diesen Bedingungen kann die Lebenspartnerschaft nur aufgehoben werden, wenn es einem der Lebenspartner aufgrund der näheren Umstände nicht zumutbar ist, an der Lebenspartnerschaft festzuhalten. Hierfür bedarf es aber erheblicher Härtefälle, beispielsweise erhebliche Beleidigungen, Körperverletzungen, Alkoholismus oder Drogensucht.

Die Lebenspartner können ihre Erklärungen, dass sie die Lebenspartnerschaft nicht fortführen wollen, widerrufen, solange die Lebenspartnerschaft noch nicht aufgehoben worden ist[13].

---

[12] Art. 1 § 15 LPartG.

[13] Art. 1 § 15 Abs. 3 LPartG.

Da die Aufhebung der Partnerschaft vor Gericht die Beteiligung eines Anwalts erfordert und, ähnlich wie bei der Scheidung, in der Regel eine Vielzahl von Angelegenheiten zu regeln ist, empfiehlt es sich rechtzeitig anwaltlichen Rat einzuholen.

II. Trennung

Grundsätzlich ist die Trennung keine Voraussetzung für die Auflösung der Lebenspartnerschaft, jedoch trennen sich die Partner in der Regel voneinander, bevor sie die Partnerschaft auflösen. Deshalb soll vorliegend auch auf die rechtlichen Folgen einer Trennung der Lebenspartner eingegangen werden.

1. Getrenntleben

Obwohl der Begriff des Getrenntlebens nicht gesetzlich geregelt ist, und die Lebenspartner nicht in häuslicher Gemeinschaft leben müssen, wird von einer ähnlichen Situation wie bei Ehegatten ausgegangen. Eine Trennung liegt nicht schon dann vor, wenn die Lebenspartner nur räumlich getrennt sind. Es ist aber von einer Trennung auszugehen, wenn die häusliche Gemeinschaft auf Dauer aufgrund einer Partnerschaftskrise beendet werden soll, eine Fortsetzung der Partnerschaft also nicht gewollt ist.

Auch in einer gemeinsamen Wohnung können die Lebenspartner ihr Getrenntleben praktizieren, sofern sich die Partner emotional voneinander getrennt haben.

Eine Trennung wird immer dann zu bejahen sein, wenn eine Trennung von „Tisch, Bett und Wäsche“ erfolgt ist. Hierfür müssen die Lebenspartner getrennte Schlafzimmer aufweisen, sie müssen ihre Wäsche jeder für sich machen und sie dürfen auch nicht gemeinsam kochen oder essen.

Die Frage, ob eine Trennung im familienrechtlichen Sinne eingetreten ist, wird für die Lebenspartnerschaften allerdings bei weitem nicht die Bedeutung erlangen wie in der Ehe. Scheidungswillige Ehegatten müssen in der Regel erst ein Jahr getrennt gelebt haben, bevor sie sich scheiden lassen können. Die Trennung ist für die Aufhebung der Lebenspartnerschaft dagegen ohne Bedeutung.

2. Wohnungszuweisung

Leben die Lebenspartner voneinander getrennt oder will einer von ihnen getrennt leben, so kann ein Lebenspartner verlangen, dass der andere ihm die gemeinsame Wohnung oder einen Teil zur alleinigen Benutzung überlässt[14]. Eine solche Regelung ist indes nur möglich, wenn dies auch den Belangen des anderen Lebenspartners entspricht und notwendig ist. Sehr häufig wird es gerade bei größeren Wohnungen als zumutbar erachtet, dass beide Lebenspartner so lange in der Wohnung verbleiben, bis einer der Partner etwas anderes gefunden hat. Das Gericht wird ähnlich wie in den Ehefällen einen Lebenspartner also im Allgemeinen nur in Härtefällen aus der Wohnung weisen, beispielsweise bei Körperverletzungen oder Alkoholmissbrauch.

Wurde einem Lebenspartner die gemeinsame Wohnung überlassen, so hat der andere Lebenspartner alles zu unterlassen, was die Ausübung dieses Nutzungsrechts erschweren oder verhindern könnte. Hat ein Lebenspartner auch sechs Monate nach seinem Auszug aus der gemeinsamen Wohnung seine Rückkehrabsichten in die gemeinsame Wohnung nicht ausgedrückt, so hat er dem anderen Lebenspartner in der Regel das alleinige Nutzungsrecht überlassen.

Können sich die Partner nicht über die Überlassung der Wohnung einigen, so muss das Familiengericht in der Sache entscheiden. Die Anordnungen

[14] Art. 1 § 14 Abs. 1 LPartG.

des Gerichts gelten aber nur für die Zeit der Trennung und verlieren ihre Wirksamkeit sobald das Aufhebungsurteil rechtskräftig wird.

3. Hausratsverteilung

Leben die Lebenspartner getrennt, so kann jeder von ihnen die ihm gehörenden Haushaltsgegenstände von dem anderen Lebenspartner heraus verlangen[15]. Die Partner sind jedoch verpflichtet, die Haushaltsgegenstände dem jeweils anderen Lebenspartner zum Gebrauch zu überlassen, soweit dieser sie benötigt und die Überlassung der Haushaltsgegenstände angemessen ist. Gehören Haushaltsgegenstände beiden Lebenspartnern gemeinsam, so können sie unter Berücksichtigung der Umstände angemessen verteilt werden.

Können sich die Lebenspartner über die Hausratsverteilung nicht einigen, entscheidet ebenfalls das Gericht, indem es die einzelnen Gegenstände den Lebenspartnern zuweist. Dabei ist nicht nur die Eigentümerstellung, sondern auch die Notwendigkeit für den einzelnen Lebenspartner zu berücksichtigen.

Hat der eine Lebenspartner beispielsweise ein kleines Kind zu versorgen, so wird die Waschmaschine selbst dann eher ihm zugesprochen werden, wenn die Waschmaschine eigentlich dem anderen Lebenspartner gehört.

Außerdem kann das Gericht eine angemessen Vergütung für die Benutzung der Haushaltsgegenstände bestimmen.

Über die Eigentumsverhältnisse wird jedoch in der Regel nicht entschieden. Die Anordnungen des Familiengerichts gelten zudem nur für die Zeit der Trennung und verlieren ihre Wirksamkeit sobald das Aufhebungsurteil rechtskräftig wird.

---

[15] Art. 1 § 13 Abs. 1 LPartG.

Haushaltsgegenstände sind alle Sachen, die dem gemeinsamen Haushalt dienen, so z.B. Wohnungseinrichtung, Fernseher, Kühlschrank oder Fahrräder. Gegenstände, die zum persönlichen Gebrauch nur eines Partners genutzt werden, sind dagegen nicht als Haushaltsgegenstände anzusehen.

III. Wohnungszuweisung und Hausratsverteilung bei Partnerschaftsauflösung

Können sich die Lebenspartner anlässlich der Aufhebung der Lebenspartnerschaft nicht darüber einigen, wer von ihnen die gemeinsame Wohnung künftig bewohnen oder wer die Wohnungseinrichtung und den sonstigen Hausrat erhalten soll, so regelt auf Antrag das Familiengericht die Rechtsverhältnisse an der Wohnung und am Hausrat nach seinem Ermessen[16].

1. Hausrat

Die Entscheidungen über die Verteilung des Hausrats nimmt das Gericht nach Billigkeitserwägungen vor. Maßgeblich sind insofern die Eigentümerstellung, die Bedarfsstellung und die Möglichkeit zur Neuanschaffung.

Wird ein Hausratsgegenstand einem der Lebenspartner zugewiesen, so wird dieser Eigentümer dieses Gegenstandes.

Hausratsgegenstände, die im Alleineigentum eines Lebenspartners oder im Miteigentum eines Lebenspartners stehen, soll das Gericht dem anderen Lebenspartner nur zuweisen, wenn dieser auf die Weiterbenut-

[16] Art. 1 § 17 LPartG.

zung der Hausratsgegenstände dringend angewiesen ist und die Überlassung dem anderen Partner zugemutet werden kann.

Im Rahmen der Zuweisung kann das Gericht außerdem festlegen, dass der Lebenspartner, der einen Gegenstand erhält, dem anderen eine vom Gericht festzulegende Entschädigungssumme zahlt. Auch hierbei ist jedoch immer das Prinzip der Verhältnismäßigkeit zu beachten.

2. Wohnung

Können sich die Lebenspartner nicht einigen, wer die gemeinsam genutzte Wohnung behalten kann, so wird dies ebenfalls vom Gericht entschieden. Auch dabei sind Billigkeitserwägungen anzustellen. Die Entscheidung richtet sich dabei danach, wer auf diese Wohnung eher angewiesen ist, beispielsweise weil der eine Kinder zu versorgen hat, die in ihrem gewohnten Umfeld verbleiben sollen oder die Wohnung in besonderer Nähe zur Arbeitsstelle des einen Lebenspartners liegt.

Haben beide Lebenspartner die Wohnung gemeinsam angemietet, kann das Gericht bestimmen, dass das Mietverhältnis von einem Lebenspartner allein fortgesetzt wird. Selbst wenn nur einer der Lebenspartner das Mietverhältnis eingegangen ist, kann das Gericht bestimmen, dass der andere Lebenspartner in den Mietvertrag eintritt und das Mietverhältnis von diesem fortgesetzt wird[17].

Dies stellt eine Fortsetzung des Mietverhältnisses dar, selbst wenn der Mieter wechselt. Deswegen ist der Vermieter in einem solchen Fall nicht berechtigt, eine Mieterhöhung durchzuführen und diese auf den Mieterwechsel zu stützen.

---

[17] Art. 1 § 18 Abs. 1 LPartG.

Steht die gemeinsame Wohnung im Eigentum oder Miteigentum eines Lebenspartners und hält es das Gericht trotz der Eigentumsverhältnisse für geboten, dem anderen Lebenspartner die Wohnung zuzuweisen, so kann das Gericht für den anderen Lebenspartner ein Mietverhältnis an der Wohnung begründen. Der Lebenspartner kann dann zwar in der Wohnung des anderen verbleiben, muss dafür aber an diesen Miete zahlen.

IV. Zugewinnausgleich

Bei Aufhebung der Lebenspartnerschaft besteht wie bei der Scheidung einer Ehe ein Anspruch auf Ausgleich des während der eingetragenen Partnerschaft angesammelten Vermögens, sofern bei Begründung der Lebenspartnerschaft als Güterstand die Ausgleichsgemeinschaft gewählt wurde. Dafür müssen beide Lebenspartner Auskunft darüber erteilen, welches Vermögen sie am Anfang der Lebenspartnerschaft hatten und wie hoch ihr Vermögen bei Beendigung ihrer Lebenspartnerschaft ausfällt. Hat einer der beiden Partner mehr erwirtschaftet als der andere, so wird diese Differenz geteilt und der andere Lebenspartner hat Anspruch auf die Hälfte dieser Differenz. Dabei erfolgt diese Beteiligung allerdings nicht in Natur, sondern in Form einer Geldabfindung.

Hatten beispielsweise beide Lebenspartner bei Begründung der Lebenspartnerschaft kein nennenswertes Vermögen und hat der Lebenspartner A bei Beendigung der Partnerschaft Wertpapiere und Kunstgegenstände im Werte von 100.000 €, während der Lebenspartner B lediglich ein Vermögen von 60.000 € erwirtschaften konnte, so hat B Anspruch auf einen Ausgleich. A hat 40.000 € mehr erwirtschaftet als B und hat B dementsprechend zur Hälfte an dieser Differenz zu beteiligen. B kann daher von A die Zahlung von 20.000 € verlangen. Er kann allerdings nicht verlangen, in Höhe seines Ausgleichsanspruchs die Hälfte der Kunstgegenstände von A zu erhalten.

Schematisch ergibt sich daraus folgende Berechnung:

	Anfangsvermögen	Endvermögen	Zugewinn
A	0 €	100.000 €	100.000 €
B	0 €	60.000 €	60.000 €
Zugewinndifferenz zwischen A und B: 40.000 €			
Ausgleichsanspruch des B gegen A: 20.000 €			

Um beiden Lebenspartnern die Berechnung des Ausgleichs zu ermöglichen, sind sie sich gegenseitig zur wahrheitsgemäßen Auskunftserteilung verpflichtet und müssen auch die entsprechenden Belege vorlegen.

Können sich die Lebenspartner über einen etwaigen Ausgleichsanspruch nicht einigen, so kann sowohl der Auskunfts- als auch der Zahlungsanspruch mit dem gerichtlichen Auflösungsverfahren verbunden werden.

V. Versorgungsausgleich[18]

Ein Versorgungsausgleich ist bei der Aufhebung von Lebenspartnerschaften anders als bei der Ehescheidung nicht vorgesehen.

18 Ein Versorgungsausgleich ist eine bei der Ehe bestehende Angleichungspflicht der während der Zeit der Ehe angesammelten Rentenansprüche.

VI. Auflösungsverfahren

1. Anwaltliche Beauftragung

Um im Auflösungsverfahren vor Gericht Anträge stellen zu können, benötigt man einen Anwalt. Sind sich die Parteien aber einig, weil alles geklärt ist oder es keiner Klärung bedarf, reicht es, wenn nur ein Anwalt mit der Auflösung betraut ist. Dies kann aus Kostengründen durchaus sinnvoll sein. Der andere Lebenspartner ist dann zwar nicht anwaltlich vertreten, dies ist jedoch auch nicht erforderlich, wenn es ohnehin keine vom Gericht zu entscheidenden Aspekte gibt und nur die Auflösung der Lebenspartnerschaft verfolgt wird.

Für die Auflösung der Lebenspartnerschaft muss die Lebenspartnerschaftsurkunde sowie die öffentlich beurkundete Erklärung des einen oder beider Lebenspartner, die Lebenspartnerschaft nicht fortführen zu wollen, bei Gericht eingereicht werden. Dies wird der Anwalt zusammen mit der Einreichung seines Antragsschriftsatzes tun.

Soll der Anwalt auch über den Unterhalt beraten, benötigt er Einkommensnachweise, Steuerbescheide und eine Aufstellung der festen monatlichen Ausgaben mit Belegen z.B. Darlehen, Versicherungen.

Für eine Berechnung etwaiger güterrechtlicher Ausgleichsansprüche benötigt der Anwalt außerdem eine Aufstellung des Vermögens bei Begründung der Lebenspartnerschaft und der Vermögenslage zum jetzigen Zeitpunkt.

Sind während der Lebenspartnerschaften Erbschaften und größere Schenkungen angefallen, ist es für den Rechtsanwalt wichtig zu wissen, wann die Erbschaft oder die Schenkung anfiel und wie hoch sie war. Sowohl eine größere Schenkung als auch eine Erbschaft werden von dem Zugewinn unter Berücksichtigung des Inflationsausgleichs abgezogen. Je früher die Erbschaft oder Schenkung anfiel, desto höher ist der Inflationsausgleich.

Es ist also wichtig, auch den Zeitpunkt der Schenkungen oder Erbschaften festzustellen und nachweisen zu können.

2. Kosten

Im Auflösungsverfahren entstehen Gerichtskosten und Anwaltskosten. Sie hängen vom Streitwert ab. Der Streitwert bemisst sich dabei nach dem durchschnittlichen Nettoeinkommen beider Lebenspartner für drei Monate. Nach diesem Wert bestimmen sich dann die Gerichts- und Anwaltsgebühren, die in einer Gebührenordnung festgeschrieben sind und Mindestgebühren darstellen. Eine Auflösung der Lebenspartnerschaft kostet also, vorbehaltlich einer darüber hinausgehenden Honorarvereinbarung, bei jedem Anwalt das gleiche.

Am kostengünstigsten ist die einverständliche Auflösung, bei der nur ein Anwalt benötigt wird. Beide Lebenspartner einigen sich über alle Aufhebungsfolgen. Diese Einigung kann dann durch einen Notar beurkundet werden. Danach beauftragt einer der Lebenspartner einen Anwalt mit der Scheidung. Dadurch fallen nur Kosten für einen Anwalt an.

Beispiel: Lebenspartner A verdient 1.500 € netto monatlich. Lebenspartner B verdient auch 1.500 € netto monatlich. Das Nettoeinkommen beider Lebenspartner beträgt für 3 Monate 9.000 €. Die Lebenspartner benötigen nur einen Anwalt für das Verfahren. Bei diesem Streitwert beträgt eine volle Anwaltsgebühr 449 €. Der Anwalt wird nach der Rechtsanwaltsgebührenordnung bei Auflösung der Lebenspartnerschaft regelmäßig drei Gebühren berechnen. Dazu kommt noch eine Post- und Telekommunikationspauschale in Höhe von 20 € sowie die Umsatzsteuer. Die Gebühr des Gerichts beträgt bei dem zugrunde gelegten Streitwert 181 €. Das Gericht berechnet für das Auflösungsverfahren einen Kostenvorschuss von einer Gebühr.

Daraus ergibt sich folgende Kostenkalkulation:

Anwaltskosten (für einen Anwalt)	1367,00 € zzgl. Mehrwertsteuer
Gerichtsgebühr	181,00 €

In der Regel werden bei einem Auflösungsverfahren die Kosten gegeneinander aufgehoben, d.h. jeder zahlt seinen Anwalt sowie die Hälfte der Gerichtskosten.

Handelt es sich um eine einverständliche Auflösung unter Mitwirkung nur eines Anwalts, können und sollten die Lebenspartner eine Teilung der Anwaltskosten vereinbaren.

Tipp! Reichen Sie die Kostenrechnungen mit Ihren Zahlungsbelegen zum Auflösungsverfahren und Quittungen beim Finanzamt als Sonderausgaben ein. Diese Kosten sind bei der Steuererklärung absetzbar.

E. Wirkungen der Lebenspartnerschaft:

I. Allgemeine Wirkungen der Lebenspartnerschaft

Nachdem die Begründung und die Auflösung einer Lebenspartnerschaft erörtert wurden, sollen nun die Wirkungen einer bestehenden Lebenspartnerschaft beleuchtet werden.

1. Namensrecht

a. Allgemein

Bei einer zwischen Deutschen begründeten Lebenspartnerschaft führen die Lebenspartner, sofern sie nichts anderes bestimmen, nach der Begründung der Lebenspartnerschaft ihre jeweiligen Namen weiter.

Sie sind allerdings auch berechtigt, mit Begründung der Lebenspartnerschaft einen gemeinsamen Namen zu führen. Sie haben dann eine Erklärung abzugeben, welcher der beiden bisherigen Nachnamen als Lebenspartnerschaftsname geführt werden soll.

Die Aneinanderreihung beider Namen zu einem Doppelnamen für beide Partner ist dagegen nicht zulässig.

Wird der Name eines der Partner jedoch als Lebenspartnerschaftsname bestimmt, so ist der andere Lebenspartner berechtigt, seinen früheren Namen dem Lebenspartnerschaftsnamen voranzustellen oder anzufügen[19].

Heißt zum Beispiel der eine Lebenspartner Meier und der andere Lebenspartner Schmidt so können sich beide als gemeinsamen Namen für den Namen Schmidt oder Meier entscheiden. Haben sie sich für den Namen Schmidt entschieden, kann Herr Meier seinen früheren Namen mit anfügen

---

[19] Art. 1 § 3 LPartG.

und hieße dann Meier-Schmidt oder Schmidt-Meier. Herr Schmidt kann in diesem Fall jedoch nicht ebenfalls den Namen von Herrn Meier hinzufügen, bei ihm bleibt es bei Schmidt.

b. Auslandsbezug

Die Ausgestaltung des Namensrechts bei einer Lebenspartnerschaft, die zwischen Partnern aus unterschiedlichen Staaten begründet wurde, sieht etwas anders aus.

Der Name einer Person richtet sich generell nach dem Heimatrecht des einzelnen Partners. Jedoch können die Lebenspartner ihren zukünftigen Lebenspartnerschaftsnamen auch entweder nach dem Recht des Staates richten, aus dem einer der Partner stammt, oder nach deutschem Recht, sofern einer der Partner seinen gewöhnlichen Aufenthalt im Inland hat[20]. Für den gewöhnlichen Aufenthalt wird auf den faktischen Wohnsitz abgestellt. Dabei wird der gewöhnliche Aufenthalt in der Regel bei einer Aufenthaltsdauer von mindestens sechs Monaten bejaht.

Wird die Lebenspartnerschaft beendet, so kann, wenn die Partner den Namen nach deutschem Recht gewählt haben, der Name beibehalten werden[21]. Haben sich die Partner bei der Namensbestimmung nach einem ausländischen Recht gerichtet, so bestimmt dieses Recht über die Namensführung nach Aufhebung der Lebenspartnerschaft.

2. Partnerschaftliche Lebensgemeinschaft

Die Lebenspartner sind einander zur Fürsorge und Unterstützung verpflichtet[22]. Sie sind zur gemeinsamen Lebensgestaltung verpflichtet und tragen füreinander Verantwortung. Jeder Lebenspartner muss danach den anderen Partner innerhalb seiner Möglichkeiten zum Beispiel durch Zahlung

---

20 Art. 17 b Abs. 2 Satz 1 i. V. m. Art. 10 Abs. 2 EGBGB.

21 Art. 1 § 3 Abs. 3 LPartG.

22 Art. 1 § 2 LPartG.

von Unterhalt, Hilfe im Haushalt, besonderes Einstehen gegenüber dem Partner oder Hilfe bei der Erziehung von Kindern unterstützen. Näheres ist jedoch nicht gesetzlich geregelt, sondern muss zwischen den Partnern abhängig von ihren jeweiligen Vorstellungen entschieden werden.

3. Angehörigenstatus

Die Lebenspartner sind rechtlich als Familienangehörige anzusehen[23]. Allerdings gilt dies nur, soweit nichts anderes bestimmt ist. Wurde eine Vorschrift, die Rechtsfolgen an die Ehegatten knüpft, nicht um die Lebenspartner erweitert, so sind diese auch nicht auf Lebenspartner anwendbar. Auch wenn ein Gesetz eine spezielle Definition bezüglich der Familienangehörigen enthält, so ist diese maßgeblich, selbst wenn sie von der allgemeinen Definition der Lebenspartner als Familienangehörige abweicht. Daraus folgt, dass der Angehörigenstatus zwischen Lebenspartnern zwar grundsätzlich geregelt ist, aber in Einzelbereichen die Lebenspartner nicht den Ehegatten gleichgestellt sind und auch nicht als Familienangehörige des Partners gelten.

Veräußert beispielsweise ein Ehegatte dem anderen ein ihm gehöriges Haus, so werden Eheleute gesetzlich weitgehend von der Grunderwerbssteuer befreit. Da jedoch im Gesetz nur Ehegatten erwähnt werden und diese Regelung nicht um Lebenspartner ergänzt wurde, sind Lebenspartner in der Hinsicht nicht den Ehegatten gleichgestellt. Sie müssen also bei der Veräußerung einer Immobilie untereinander die Grunderwerbssteuer zahlen.

Die Verwandten eines Lebenspartners gelten mit dem anderen Lebenspartner als verschwägert[24]. Die Lebenspartner untereinander sind wie auch die Verwandten des einen Lebenspartners mit den Verwandten des ande-

[23] Art. 1 § 11 Abs. 1 LPartG.

[24] Art. 1 § 11 Abs. 2 LPartG.

ren Lebenspartners jedoch nicht verschwägert. Während die Familienangehörigkeit nach Aufhebung der Lebenspartnerschaft nicht weiter besteht, wirkt die Schwägerschaft mit den Verwandten des Lebenspartners fort.

Mit diesen Verwandten des Partners ist der andere Lebenspartner verschwägert:

Urgroßvater – Urgroßmutter

Großvater – Großmutter

Vater – Mutter – Tante – Onkel

Bruder – Schwester – Cousine – Cousin

Kind – Neffe – Nichte

Enkel

Urenkel

Nicht verschwägert sind:

- die Partner untereinander
- die Verwandten der beiden Partner untereinander

4. Persönliches Rechtsverhältnis

Das persönliche Rechtsverhältnis unterliegt generell den Sachvorschriften, in dessen Staat die Lebenspartnerschaft begründet worden ist.

Wurde die Lebenspartnerschaft in Deutschland begründet, so ist das persönliche Rechtsverhältnis der Lebenspartner von der Verpflichtung zur

Fürsorge und Unterstützung sowie zur gemeinsamen Lebensgestaltung geprägt und von der gegenseitigen Verantwortung für einander getragen[25].

5. Rechtsgeschäftliche Beschränkungen

Eine allgemeine Wirkung der Lebenspartnerschaft, die unabhängig von dem jeweiligen Vermögensstand eintritt, sind die rechtsgeschäftlichen Beschränkungen der Lebenspartner.

Hierzu gehört, dass die Partner vorbehaltlich einer anderslautenden notariellen Vereinbarung nur mit Einwilligung des anderen Partners über ihr Vermögen im Ganzen verfügen können[26]. Besteht der hauptsächliche Teil des Vermögens einer der Partner beispielsweise aus einer Immobilie, so kann er diese Immobilie nicht ohne Zustimmung des anderen Partners veräußern. Von dieser Regelung kann jedoch im Rahmen eines notariell beurkundeten Partnerschaftsvertrages abgewichen werden. Auch deshalb empfiehlt es sich dringend, vor der Begründung der Lebenspartnerschaft notariellen Rat einzuholen.

Auch über die ihm gehörenden Haushaltsgegenstände kann ein Lebenspartner nur mit Einwilligung des anderen Lebenspartners verfügen[27]. Dabei treten diese Wirkungen unabhängig von dem eingegangenen Güterstand ein und kommen daher auch im Falle der Vermögenstrennung zur Anwendung. Wollen die Lebenspartner eine solche Einschränkung ihrer Verfügungsbefugnis nicht, so müssen die Lebenspartner dies ebenfalls notariell ausschließen lassen.

---

25 Art. 1 § 2 LPartG.

26 Art. 1 § 8 LPartG i.V.m. § 1365 BGB.

27 Art. 1 § 8 Abs. 2 LPartG i. V. m. § 1369 BGB.

6. Geschäfte des täglichen Lebens

Jeder Lebenspartner ist berechtigt, Geschäfte zur angemessenen Deckung des partnerschaftlichen Lebensbedarfs auch mit Wirkung für den anderen zu besorgen[28]. Durch solche Geschäfte werden beide Lebenspartner gemeinsam berechtigt und verpflichtet, es sei denn, dass sich aus den Umständen etwas anderes ergibt.

Kauft beispielsweise einer der Partner eine neue Waschmaschine, so haftet auch der andere Partner für den Kaufpreis, ohne dass er am Geschäft beteiligt war.

Dies gilt jedoch nicht mehr, wenn die Lebenspartner dauerhaft getrennt leben.

In diesem Zusammenhang sei jedoch darauf hingewiesen, dass dies der einzige Fall ist, in dem die Lebenspartner für etwaige Schulden des anderen Lebenspartners haften. Dabei kommt es weder darauf an, in welchem Güterstand die Lebenspartner leben, noch darauf, ob die Schulden während der Lebenspartnerschaft von einem der Partner gemacht wurden.

Keiner der Partner haftet also für die Schulden des anderen, es sei denn, er hat sich für diesen verbürgt oder im Falle einer Darlehensverbindlichkeit das Darlehen mit begründet.

7. Zeugnis- und Eidesverweigerungsrecht

Dem Lebenspartner wird wie dem Ehegatten sowohl in zivil- wie auch in strafrechtlichen Belangen ein Zeugnis- und Eidesverweigerungsrecht eingeräumt[29]. Ein Lebenspartner kann nun also nicht mehr gezwungen werden, gegen seinen Partner vor Gericht oder einer staatlichen Stelle auszusagen.

---

28 Art. 1 § 8 Abs. 2 LPartG i. V. m. § 1357 BGB.

8. Betreuungsrecht

Ist in einer Lebenspartnerschaft für den einen Partner ein Betreuer zu bestellen, so wird der andere Lebenspartner bei der Auswahl des Betreuers besonders berücksichtigt und ihm wird vom Gericht Gelegenheit zur Äußerung gegeben. Wenn er es möchte, wird er dementsprechend auch bevorzugt zum Betreuer bestellt.

In diesem Zusammenhang empfiehlt es sich vorbeugend, eine Betreuungsvollmacht und Patientenverfügung auszustellen.

9. Ärztliche Auskunftspflicht

Bei einem Patienten, der eine Lebenspartnerschaft führt, gilt seit Einführung des Lebenspartnerschaftsgesetzes der andere Lebenspartner als seine Vertrauensperson. Die Lebenspartner sind den Ehegatten in der Hinsicht gleichgestellt, dass sie dann Ansprechpartner für den Arzt in ärztlichen Belangen sind. Außerdem hat der Lebenspartner nunmehr ein Besuchsrecht im Krankenhaus, ohne dass er von anderen Familienangehörigen, beispielsweise den Eltern seines Lebenspartners, vom Krankenbett seines Partners verwiesen werden kann.

10. Einkommensteuer

Lebenspartner werden bei der Einkommensteuer wie Ledige behandelt und können nicht gemeinsam veranlagt werden.

Selbst das noch zu verabschiedende Lebenspartnerschaftsergänzungsgesetz sieht keine völlige Gleichstellung der Lebenspartner mit Ehegatten bei der Einkommensteuer vor. Die Zusammenveranlagung mit der Zusammenrechnung der Einkünfte und der Anwendung des Ehegat-

[29] § 383 Abs. 1 Nr. 2a ZPO; § 52 Abs. 1 Nr. 2a StPO.

ten-Splittingtarifs soll weiterhin nur für Ehegatten gelten. Zukünftig sollen die Unterhaltsverpflichtungen der Lebenspartner lediglich durch ein begrenztes Realsplitting berücksichtigt werden. Der Partner mit dem höheren Gesamtbetrag der Einkünfte kann dann bis zu 40.000 DM (der Entwurf enthält noch keine Euro-Angaben) als Sonderausgaben abziehen, wenn er dies beantragt und der andere Partner zustimmt. Der andere Partner hat die Unterhaltsbezüge bei sich zu versteuern.

11. Grunderwerbssteuer

Aufgrund des bisherigen Scheiterns des LPartErgG werden Lebenspartner im Gegensatz zu Ehegatten bei Grundstücksübertragungen untereinander nicht von der Grunderwerbssteuer befreit.

12. Gesetzliches Krankenkassenrecht

Der Lebenspartner ist im Rahmen der Familienversicherung auch in den Krankenversicherungsschutz des Partners mit einbezogen[30]. Bezieht er also kein eigenes Einkommen, kann er bei seinem Lebenspartner mit versichert werden.

13. Rentenversicherung und Orts- bzw. Familienzuschläge

Verwitwete Lebenspartner erhalten keine Witwen- bzw. Witwerrente. Eine entsprechende Regelung besteht noch nicht, sie ist aber im Entwurf des LPartErgG enthalten. Außerdem ist hier die EG-Richtlinie 2000/78/EG von Bedeutung, die eine Angleichung der Lebenspartner bis zum 02.12.2003 vorsieht.

---

30 § 10 Abs. 1 Satz 1 und 3 SGB V.

Die EG Richtlinie dient der Bekämpfung von Diskriminierungen in Beschäftigung und Beruf und erfasst u.a. auch die Diskriminierung wegen der sexuellen Ausrichtung. Der Bundes- und die Landesgesetzgeber, die Tarifvertragsparteien und die Betriebe hätten die Gesetze, Tarifverträge und Betriebsvereinbarungen bis zum 02.12.2003 an die EG-Richtlinie anpassen müssen. Das schreibt die Richtlinie des Rates vom 27.02.2000 vor. Es darf deshalb in Zukunft im Arbeitsleben keine unmittelbare oder mittelbare Diskriminierung wegen der sexuellen Ausrichtung mehr geben.

Eine unmittelbare Diskriminierung liegt nach der Richtlinie vor, wenn eine Person wegen ihrer sexuellen Ausrichtung in einer vergleichbaren Situation eine weniger günstige Behandlung erfährt, als ein andere Person erfährt, erfahren hat oder erfahren würde. Ob eine vergleichbare Situation nach dem Gesetz gegeben ist, hängt vom jeweiligen Zweck der Vorschrift ab. Dient ein beamten- oder arbeitsrechtlicher Anspruch für Verheiratete dazu, einen Ausgleich für die Fürsorge- und Unterhaltsbelastungen der Ehe zu gewähren (Anspruch auf Beihilfe oder Familienzuschlag), dann befinden sich Lebenspartner insoweit in einer vergleichbaren Situation, weil die Lebenspartnerschaft mit denselben Fürsorge- und Unterhaltsbelastungen wie die Ehe verbunden ist.

Demnach muss Lebenspartnern bis spätestens zum 02.12.2003 der gleiche Familienzuschlag und die gleiche Beihilfe gewährt werden wie Eheleuten.

Da die Richtlinie trotz Ablauf der Umsetzungsfrist immer noch nicht umgesetzt ist, können und müssen die Gerichte das nationale Recht nunmehr richtlinienkonform auslegen, um so eine Diskriminierung auszuschließen. Dies bedeutet, dass die Regelungen zugunsten der benachteiligten Lebenspartner anzuwenden sind, so als wären sie verheiratet. Die Beseitigung der Nachteile durch den Gesetzgeber oder die Tarifvertragsparteien muss dafür nicht abgewartet werden.

So verhält es sich beispielsweise bei den Betriebsvereinbarungen. Im Betriebsverfassungsgesetz wird eine Ungleichbehandlung wegen der sexuellen Identität verboten[31].

Die Vorschrift dient somit der Umsetzung der Richtlinie 200/78/EG. Deshalb sind bei ihrer Auslegung die Vorgaben der Richtlinie zu beachten. Danach darf es in einem Betrieb mit Betriebsrat keine unmittelbare oder mittelbare Diskriminierung wegen der sexuellen Ausrichtung mehr geben. Soweit in Betriebsvereinbarungen für Verheiratete Vergünstigungen vorgesehen sind, die einen Ausgleich für die Fürsorge- und Unterhaltsbelastungen der Ehe darstellen, müssen sie auch den Lebenspartnern gewährt werden.

Gleiches gilt für Familienzuschläge oder familienbedingte Ortszuschläge. Die Richtlinie kann daher auch bereits vor ihrer Umsetzung in nationales Recht Organisationen und Einrichtungen gegenüber geltend gemacht werden, sofern diese dem Staat oder zumindest seiner Aufsicht unterstehen. Dementsprechend haben öffentlichrechtliche Körperschaften, Gebietskörperschaften oder ähnliche Einrichtungen, wie Kreiskrankenhäuser, Familien- bzw. Ortszuschläge zu zahlen.

Entsprechendes gilt auch für Renten und Pensionen. Ein verwitweter Lebenspartner hat nunmehr Anspruch auf Hinterbliebenenversorgung, wenn sein verstorbener Lebenspartner Beamter oder Angestellter bzw. Arbeiter im öffentlichen Dienst war. Gleiches gilt auch für Betriebsrenten in Betrieben mit einem Betriebsrat. In diesen Fällen können bereits die Beamten, Angestellten und Arbeiter zu Lebzeiten die gerichtliche Feststellung erwirken, dass ihre Lebenspartner die Versorgung erhalten.

Dies gilt jedoch nicht gegenüber privaten Arbeitgebern ohne Betriebsrat, da in diesen Fällen die Richtlinie vor ihrer Umsetzung in das nationale Recht keine Bindungswirkung entfaltet und deshalb keine Verpflichtung für den Einzelnen begründet. Kommt es in diesen Fällen zu Benachteiligungen, können die finanziellen Nachteile lediglich im Wege des Schadenersatzes

[31] § 75 BetrVG.

gegenüber der Bundesrepublik Deutschland geltend gemacht werden, weil sie die Richtlinie nicht rechtzeitig umgesetzt hat.

Auch bei den Sozialversicherungsrenten und den Renten der Versorgungswerke der Kammern der freien Berufe[32] richtet sich die Änderung nicht nach der EG-Richtlinie, sondern ist vielmehr aufgrund der Gleichberechtigung von Beamten und den oben genannten Renteninhabern gegeben. Bei Nichtzahlung einer Witwenrente würde dann wohl ein Verstoß gegen Art. 3 GG vorliegen, so dass davon auszugehen ist, dass der Gesetzgeber auch die Regelungen bezüglich der Sozialversicherungsrenten und den Renten der Versorgungswerke früher oder später anpassen wird.

14. Unfallversicherung

Besitzt der eine Lebenspartner eine freiwillige Unfallversicherung, so besteht für den anderen Lebenspartner kein Versicherungsschutz. Erst nach Verabschiedung des LPartErgG wie es in der jetzigen Form dem Vermittlungsausschuss vorliegt, kann der Versicherungsschutz auf den anderen Lebenspartner ausgedehnt werden.

15. Wohngeld

Der Entwurf zum LPartErgG sieht im Wohngeldrecht eine Angleichung von eingetragenen Lebenspartnern mit Ehegatten vor.

Im Scheitern des Gesetzes liegt jedoch für die Lebenspartner kein Vorteil, da nach § 18 Nr. 4 WoGG kein Anspruch auf Wohngeld besteht, soweit ein Antragsberechtigter, der mit anderen Personen eine „Wohn- und Wirtschaftsgemeinschaft" führt, besser gestellt wäre als im Rahmen eines

[32] Ärzteversorgungswerk, Apothekerversorgungswerk, Rechtsanwaltsversorgungswerk

Familienhaushalts entsprechender Größe". Dabei wird das Bestehen einer Wirtschaftsgemeinschaft vermutet, wenn der Antragsberechtigte und die anderen Personen Wohnraum gemeinsam bewohnen. Aufgrund dieser Vorschrift werden „andere" Wohngemeinschaften beim Wohngeld genauso wie Ehen und Familien behandelt.

16. Wohnberechtigungsschein

Zum 01.01.2002 wurde der soziale Wohnungsbau neu geregelt.

Das neue Wohnraumförderungsgesetz enthält in § 18 eine Definition der „Haushaltsangehörigen", die für das Wohnraumförderungsrecht entscheidend ist. Danach gelten auch der Lebenspartner und der Lebensgefährte des Antragstellers sowie deren Angehörige als „Haushaltsangehörige", sofern sie mit dem Antragsteller eine Wohn- und Wirtschaftsgemeinschaft führen. Diese Personen werden bei der Erteilung von Wohnberechtigungsscheinen berücksichtigt. Die Haushaltsangehörigen werden sowohl bei der Berechnung der Einkommensgrenze als auch bei der Festlegung der maßgeblichen Wohnungsgröße berücksichtigt.

17. Arbeitslosengeld

Arbeitslosengeld erhält nur, wer innerhalb einer sogenannten Rahmenfrist von drei Jahren mindestens ein Jahr sozialversicherungspflichtig beschäftigt war. Diese Rahmenfrist verlängert sich um die Zeiten, in denen der Arbeitslose einen Angehörigen gepflegt hat und zwar auf höchstens fünf Jahre. Da eingetragene Lebenspartner als Familienangehörige gelten, ist diese Vorschrift auch für die Pflege des eingetragenen Lebenspartners wirksam.

Auch werden die Zeiten angerechnet, in welchen der Arbeitslose sein noch nicht drei Jahre altes Kind bzw. das Kind seines Lebenspartners erzogen hat.

Außerdem erhöht sich der Leistungssatz von 60% auf 67%, wenn der Arbeitslose oder sein Lebenspartner ein Kind hat. Löst ein Arbeitnehmer sein Arbeitsverhältnis ohne wichtigen Grund, so tritt für den Bezug von Arbeitslosengeld eine Sperrzeit von 12 Wochen ein.

Nach der Rechtsprechung gilt der Nachzug zum Ehegatten als wichtiger Grund. Das wird jetzt auch für den Nachzug zum Lebenspartner gelten. Wird das Arbeitsverhältnis also aus diesem Grund gekündigt, tritt keine Sperrzeit ein.

18. Arbeitslosenhilfe

Bei der Arbeitslosenhilfe erhöht sich der Leistungssatz von 53% auf 57%, wenn der Arbeitslose oder sein Lebenspartner ein Kind hat.

Voraussetzung für den Bezug der Arbeitslosenhilfe ist die Bedürftigkeit des Arbeitslosen. Bei der Feststellung der Bedürftigkeit des Arbeitslosen wird das Einkommen des eingetragenen Lebenspartners angerechnet, da Lebenspartner einander unterhaltspflichtig sind. Es besteht insofern eine Auskunftspflicht gegenüber dem Arbeitsamt.

Da diese Regelung bisher nicht nur für Eheleute, sondern auch für eheähnliche Lebensgemeinschaften galt, stellt sich die Frage, ob nun auch gleichgeschlechtliche Lebensgemeinschaften ohne Lebenspartnerschaft in den Kreis dieser Regelung einzubeziehen sind. Vor Inkrafttreten des Lebenspartnerschaftsgesetzes erfolgte eine solche Anrechnung nicht, weil nach höchstrichterlicher Rechtsprechung gleichgeschlechtliche Beziehungen nicht unter den Begriff „eheähnliche Lebensgemeinschaft" fielen, da zwischen gleichgeschlechtlichen Partnerschaften keine Eheschließung möglich ist. Die Änderungen, die durch das Lebenspartnerschaftsgesetz entstanden sind, beziehen sich zwar auf gleichgeschlechtliche Partnerschaften, jedoch müssen die Partner in einer eingetragenen Lebenspartnerschaft leben. Für gleichgeschlechtliche Lebensgemeinschaften gelten diese Regelungen demnach auch weiterhin nicht.

Auch das Vermögen des eingetragenen Lebenspartners ist wie das Vermögen des Ehegatten des Arbeitslosen zu berücksichtigen.

19. Sozialhilfe

Die hier geplanten Änderungen sind im noch nicht verabschiedeten LPartErgG enthalten. Vorgesehen ist, dass Einkommen und Vermögen des eingetragenen Lebenspartners des Antragstellers bei der Entscheidung über die Gewährung von Sozialhilfe berücksichtigt werden sollen.

Aufgrund des Prinzips des Nachrangs der Sozialhilfe ist zumindest das Einkommen des eingetragenen Lebenspartners dennoch zu berücksichtigen. So wie der Hilfeempfänger darauf verwiesen werden kann, seine eigene Arbeitskraft zum Bestreiten seines Lebensunterhalts einzusetzen, so muss er auch Hilfe von Angehörigen vorrangig in Anspruch nehmen. Dazu gehört auch ein realisierbarer Unterhaltsanspruch gegen den Lebenspartner, da dieser dem Hilfeempfänger zum Unterhalt verpflichtet ist. Das Einkommen des anderen Lebenspartners wirkt sich somit zumindest mittelbar über die in Anspruch zu nehmenden Unterhaltszahlungen für die Gewährung von Sozialhilfe aus.

Bezüglich der Frage einer Einkommensberücksichtigung bei Lebensgefährten von gleichgeschlechtlichen Lebensgemeinschaften kann auf die Ausführungen zur Arbeitslosenhilfe verwiesen werden. Eine Berücksichtigung kommt also auch hier nicht in Betracht.

20. Ausbildungsförderung

Nach dem LPartErgG sollte das Einkommen des Lebenspartners bei der Berechung der Einkommensgrenzen mit berücksichtigt werden. Diese Gesetzesänderung ist infolge des Scheiterns des LPartErgG noch nicht in Kraft getreten.

Soweit ein Lebenspartner aber tatsächlich Unterhaltsleistungen von seinem Partner erhält, werden diese als Einkommen berücksichtigt[33].

Ausländer erhalten lediglich dann Ausbildungsförderung, wenn ein Elternteil oder der Ehegatte Deutscher ist. Im Bezug auf die Lebenspartner ist das Bundesausbildungsförderungsgesetz in diesem Punkt nicht angepasst worden. Auch das LPartErgG sieht eine Änderung in dem Sinne nicht vor. Somit erhalten Ausländer mit einem deutschen Lebenspartner keine Ausbildungsförderung.

21. Prozesskostenhilfe

Bei der Prozesskostenhilfe, die eine besondere Form der Sozialhilfe darstellt, sind Einkommen und Vermögen des Lebenspartners zu berücksichtigen. Einkommen und Vermögen eheähnlicher Gemeinschaften sind auch anrechenbar, jedoch gilt dies nicht bei gleichgeschlechtlichen Lebensgefährten.

22. Unterhaltsvorschuss

Unterhaltsvorschuss erhalten nur die Kinder von Alleinerziehenden. Der Anspruch entfällt, wenn der Elternteil, bei dem das Kind lebt, erneut heiratet. Das soll nach dem derzeit noch nicht geltenden LPartErgG in Zukunft auch gelten, wenn der Elternteil eine Lebenspartnerschaft eingeht.

---

33 § 21 Abs. 3 Nr. 4 BaföG.

23. Ausländerrecht

Eine wesentliche Gleichstellung von Lebenspartnern mit der Lage von Ehegatten sieht das LPartG im Bereich des Ausländerrechts vor. Danach kann dem ausländischen Lebenspartner eines Deutschen oder auch eines sich rechtmäßig in Deutschland aufhaltenden Ausländers eine Aufenthaltserlaubnis erteilt bzw. verlängert werden[34].

Dabei ist jedoch zu beachten, dass sich die Aufenthaltserlaubnis in der ersten Zeit lediglich aus der Lebenspartnerschaft und damit vom anderen Lebenspartner ableitet. Um eine eigene, nicht aus der Lebenspartnerschaft resultierende Aufenthaltserlaubnis zu erhalten, muss die Lebenspartnerschaft mindestens zwei Jahre rechtmäßig im Bundesgebiet bestanden haben[35]. Entscheidend dabei ist, dass die Lebenspartner in dieser Zeit zusammenleben. Trennen sich die Lebenspartner also vor Ablauf dieser zwei Jahre oder wird ihre Lebenspartnerschaft aufgehoben, so verliert der Lebenspartner, der sein Aufenthaltsrecht aus der Lebenspartnerschaft ableitet, in der Regel sein Aufenthaltsrecht. Die ihm gewährte befristete Aufenthaltserlaubnis wird nicht verlängert. Einige Ausländerbehörden widerrufen sogar eine gewährte Erlaubnis und weisen die Betroffenen aus.

Ausnahmen von diesem Grundsatz werden nur dann gemacht, wenn dem Ausländer bei Unterschreitung der Zweijahresfrist aufgrund besonderer Härte ein Festhalten an der Lebenspartnerschaft bzw. an dem Zusammenleben mit dem Lebenspartner nicht zumutbar ist. Diese Ausnahmeregel ist aber auf besonders krasse Einzelfälle beschränkt. So wird eine Ausnahme in der Regel nur in Fällen starker oder wiederholter Gewalttätigkeiten, sexuellen Missbrauchs oder ähnlich schwerwiegender Vorkommnisse gewährt.

---

34 § 27a (AuslG) i.V.m. §§ 17 Abs. 2 – Abs. 5, 18, 23 AuslG.

35 § 27 a i.V.m. § 19 Abs. 1 Nr. 1 AuslG

24. Staatsangehörigkeitsrecht

Auch im Bereich des Staatsangehörigkeitsrechts wird durch das LPartG die Situation der Lebenspartner der Lage der Ehegatten im Wesentlichen angeglichen. Der eingetragene Lebenspartner eines Deutschen kann unter den gleichen Voraussetzungen wie ein Ehegatte eingebürgert werden[36].

Der ausländische Lebenspartner eines Deutschen erhält die deutsche Staatsangehörigkeit erst nach frühestens 3 Jahren Aufenthalt in Deutschland[37]. Voraussetzung ist dabei, dass der Aufenthalt rechtmäßig ist. Dies bedeutet, dass der Lebenspartner weder illegal eingewandert noch bereits einmal ausgewiesen sein darf. Außerdem muss die Lebenspartnerschaft regelmäßig bereits 2 Jahre bestanden haben. Ungeklärt ist dabei, ob ein Zusammenleben vor dem Inkrafttreten des LPartG anerkannt wird. Schließlich muss der ausländische Lebenspartner deutsche Sprachkenntnisse haben und auch wirtschaftlich unabhängig sein, damit er deutscher Staatsbürger werden kann.

II. Unterhalt

1. Lebenspartnerschaftsunterhalt

Durch die Verpflichtung zur gegenseitigen Fürsorge und Unterstützung wird die Lebenspartnerschaft als Einstehens- und Verantwortungsgemeinschaft angesehen. Diese begründet die Pflicht, einander einen angemessenen Unterhalt zu zahlen[38]. Der angemessene Unterhalt umfasst alles, was nach den Verhältnissen der Lebenspartner erforderlich ist, um

---

[36] § 9 Abs. 1 Staatsangehörigkeitsgesetz.

[37] Ziffer 9.1.2.1. der Allgemeinen Verwaltungsvorschrift zum Staatsangehörigkeitsrecht

[38] Art. 1 § 5 LPartG.

die Kosten des Haushalts zu bestreiten und die persönlichen Bedürfnisse der Lebenspartner zu befriedigen[39] (sog. Taschengeldanspruch). Das Maß richtet sich dabei nach den jeweiligen Lebensverhältnissen der Partner.

a. Doppelverdienerpartnerschaft

In der Doppelverdienerpartnerschaft müssen beide Partner gleichmäßig zum Familienunterhalt beitragen und die Haushaltsführung erledigen. Der zum Familienunterhalt zu entrichtende Beitrag richtet sich nach dem addierten Einkommen beider Lebenspartner. Auch bei unterschiedlichem Einkommen der Partner bestimmt sich der Anteil am Familienunterhalt nach dem Anteil am Gesamteinkommen. Dem Gesetzgeber erschien diese Form der Lebenspartnerschaft als Leitbild, da eine Berufstätigkeit beider Partner durch das Nichtvorhandensein von Kindern nicht verhindert werde. Dabei bleibt jedoch unberücksichtigt, dass auch häufig Kinder aus früheren nichtgleichgeschlechtlichen Beziehungen vorhanden sind und mit in der Partnerschaft leben.

b. Zuverdienerpartnerschaft

In der Zuverdienerpartnerschaft ist ein Lebenspartner voll berufstätig, während der andere den Haushalt führt und nebenher eine Teilzeitbeschäftigung ausübt. Im Vergleich zur Ehe fehlt es bei der Lebenspartnerschaft an der Gleichstellung der Haushaltsführung mit der finanziellen Unterhaltsleistung. Somit erfüllt der Haushaltsführende seine Verpflichtung, zum Familienunterhalt beizutragen, durch die Haushaltsführung allein noch nicht[40]. Daher bestimmt sich der Familienlebensstandard nach beiden Einkommen (wie auch bei der normalen Doppelverdienerpartnerschaft).

---

[39] § 1360 a Abs. 1 BGB.

[40] anders: § 1360 Satz 2 BGB.

c. Alleinverdienerpartnerschaft

In der Alleinverdienerpartnerschaft muss der berufstätige Lebenspartner den gesamten finanziellen Aufwand tragen, weil der andere sich aufgrund der gemeinsamen Abrede um die Belange des Haushalts kümmert. Der Lebensstandard der Partner wird durch das Einkommen des Berufstätigen bestimmt.

Auch wenn eine entsprechende Regelung der Gleichstellung von Haushaltsführung und finanziellen Unterhaltsleistung fehlt, so steht es den Partner trotzdem frei, diese Form der Partnerschaft zu wählen. Dann kann der Haushaltsführende nicht unterhaltspflichtig werden. Eine Verpflichtung des Haushaltsführenden zur Erwerbstätigkeit kann sich jedoch aus Unterhaltspflichten gegenüber Personen ergeben, gegenüber denen der Erwerbstätige nicht unterhaltspflichtig ist. (z.B. Kinder aus früheren Beziehungen)

Eine Verpflichtung zur Aufnahme einer Erwerbstätigkeit kann auch gegeben sein, wenn der eigentlich Erwerbstätige nicht in der Lage ist seinen Beruf auszuüben.

Ein wichtiger Aspekt bei der Verpflichtung zum Lebenspartnerschaftsunterhalt ist der so genannte Prozesskostenvorschuss. Ist ein Lebenspartner nicht in der Lage, die Kosten eines Rechtsstreits zu tragen, der eine persönliche Angelegenheit betrifft, so ist der andere Lebenspartner dazu verpflichtet, ihm diese Kosten vorzuschießen, soweit dies angemessen ist.

Dies gilt im Übrigen auch für das Verfahren zur Auflösung der Partnerschaft. Somit kann es dazu kommen, dass der eine Lebenspartner die Auflösung der Partnerschaft im Rahmen seiner Unterhaltsverpflichtung auch für seinen Partner bezahlen muss.

2. Trennungsunterhalt und nachpartnerschaftlicher Unterhalt

Ähnlich wie bei der Ehe wirkt auch bei der Lebenspartnerschaft die Unterstützungs- und Fürsorgepflicht zwischen den Lebenspartnern während der Trennung und nach der Aufhebung der Lebenspartnerschaft fort. Dementsprechend kann ein Partner vom anderen Unterhalt verlangen, wenn er nicht selbst für seinen Unterhalt sorgen kann, beispielsweise, weil von ihm aufgrund seines Alters oder einer Krankheit keine Erwerbstätigkeit erwarten werden kann[41]. Dabei bestimmt sich das Maß des Unterhalts nach dem Lebensstandard der partnerschaftlichen Lebensverhältnisse.

Da eine gemeinsame Adoption des Kindes durch die Lebenspartner ebenso unzulässig ist wie die bei Eheleuten vorgesehene Stiefkindadoption (vgl. unten III), ist ein Betreuungsunterhalt grundsätzlich mangels gemeinsamer Kinder ausgeschlossen.

Gleichwohl ist aber ein Betreuungsunterhalt denkbar, wenn der eine Lebenspartner aufgrund eines besonderen, vom anderen Lebenspartner mit gesetzten Vertrauenstatbestands seine Berufstätigkeit zur Betreuung eines Kindes aufgibt. Beispielsweise wäre ein solcher Fall zu bejahen, wenn der eine Lebenspartner aufgrund eines übereinstimmenden Entschlusses eine Einzeladoption durchgeführt hat und dann die Betreuung des Kindes übernommen hat. Gleiches hat zu gelten, wenn ein im Wege künstlicher Befruchtung gezeugtes Kind während der bestehenden Lebenspartnerschaft zweier Frauen geboren wird und beide Lebenspartnerinnen mit dieser Befruchtung einverstanden sind.

In diesen Fällen ist ein den in § 16 LPartG ausdrücklich genannten Konstellationen gleichzusetzender Fall anzunehmen und dementsprechend ein Betreuungsunterhalt zu bejahen[42].

Der Betreuungsunterhalt ist dann für die Dauer der Kinderbetreuung im Rahmen der für die Ehe geltenden Grundsätze zu erbringen.

TIPP! Um vor diesem Hintergrund umfangreiche Unterhaltsstreitigkeiten zu vermeiden empfiehlt es sich, bei entsprechenden Konstellationen bereits im Vorwege einen Unterhaltsvertrag abzuschließen, der den Betreuungsunterhalt regelt.

---

41 Art. 1 § 16 LPartG.

42 Ebenso Grziwotz in DNotZ April 2001, S. 280 ff (297), Palandt-Brudermüller, 62. Aufl., LPartG 9, Rz. 5, Büttner FamRZ 2001, 1105 ff (1109).

Leben die Lebenspartner getrennt und besteht ein Unterhaltsanspruch, so kann ein Lebenspartner von dem anderen den nach den Lebensverhältnissen und den Erwerbs- und Vermögensverhältnissen während der Lebenspartnerschaft angemessenen Unterhalt verlangen[43].

Wie auch bei dem Lebenspartnerschaftsunterhalt richten sich der Trennungsunterhalt und der nachpartnerschaftliche Unterhalt nach den Lebensverhältnissen und den Erwerbs- und Vermögensverhältnissen der Partner. Maßgeblich für die Berechnung des Unterhalts sind auch die finanzielle Situation des Leistungsempfängers und die Leistungsfähigkeit des Unterhaltsschuldners.

Dazu kann der nichterwerbstätige Lebenspartner darauf verwiesen werden, seinen Unterhalt durch eine Erwerbstätigkeit selbst zu verdienen, es sei denn, dass dies von ihm nach seinen persönlichen Verhältnissen unter Berücksichtigung der Dauer der Lebenspartnerschaft und nach den wirtschaftlichen Verhältnissen ausnahmsweise nicht erwartet werden kann. Daraus folgt, dass jeder Lebenspartner bereits in der Phase des Getrenntlebens und natürlich auch nach der Auflösung grundsätzlich zur Sicherung seines Unterhalts durch eine eigene Erwerbstätigkeit verpflichtet ist. Wenn der bedürftige Lebenspartner nicht für sich selbst sorgen kann, muss er nachweisen, dass keine Möglichkeit zur Arbeitsaufnahme besteht. Dafür reicht es nicht aus, sich beim Arbeitsamt nur arbeitssuchend zu melden. Er muss auch aus eigener Initiative heraus Bewerbungen schreiben und diese nachweisen. Dieses Erfordernis kann er in der Regel nur dadurch erreichen, dass er jede vorgenommene Bewerbung dokumentiert und sich gegebenenfalls sogar schriftlich bestätigen lässt, dass er die Arbeitsstelle nicht bekommen hat.

Ein Unterhaltsanspruch kann versagt, herabgesetzt oder zeitlich begrenzt werden, wenn die Inanspruchnahme des Verpflichteten unverhältnismäßig

---

43 Art. 1 § 12 Abs. 1 Satz 1 LPartG.

wäre. Dies ist eine Einzelfallentscheidung, die gegebenenfalls gerichtlich zu klären ist.

Können sich die Lebenspartner hinsichtlich einer Unterhaltszahlung nicht einigen, muss genau wie bei der Ehe eine gerichtliche Entscheidung herbeigeführt werden.

Während die Lebenspartner auf den nachpartnerschaftlichen Unterhaltsanspruch auch für die Zukunft verzichten können, ist dies beim Trennungsunterhalt in der Regel nicht möglich. Parteivereinbarungen zum Trennungsunterhalt dürfen den ursprünglich geschuldeten Unterhalt nicht um mehr als ein Drittel unterschreiten, da die Vereinbarungen sonst regelmäßig unwirksam sind.

In der neueren Rechtssprechung ist allerdings die Tendenz festzustellen, dass Ehegatten bei der Ausgestaltung des Trennungsunterhaltes ein zunehmender Spielraum zugestanden wird[44]. Durch bestimmte vertragliche Ausgestaltung soll ein Verzicht auf Unterhalt auch über das eigentlich zulässige Drittel hinaus ermöglicht werden. Diese Rechtsprechung wird in gleicher Weise auf die Lebenspartnerschaft anzuwenden sein. Soll eine solche Vereinbarung getroffen werden, sollte allerdings in jedem Fall ein Notar oder Anwalt aufgesucht werden.

3. Auslandsbezug

Für eine Unterhaltsverpflichtung mit Auslandsbezug ist grundsätzlich das Unterhaltsrecht des Staates anzuwenden, in dem der unterhaltsberechtigte Lebenspartner seinen gewöhnlichen Aufenthaltsort hat[45]. Wird nach diesem Recht keine Unterhaltsberechtigung begründet, so findet das

---

44 OLG Köln FamRZ 2000, S. 609; OLG Hamm NJW-FER 2000, 227; OLG Düsseldorf, MDR 2000, 1252.

45 Art. 17 b Abs. 1 Satz 2, 2. Halbsatz, i. V. m. Art. 18 EGBGB.

Recht des Staates Anwendung, in dem die Lebenspartnerschaft registriert worden ist.

Anders verhält es sich wenn der Unterhaltsberechtigte und der Unterhaltsverpflichtete der gleichen, aber nicht der deutschen Nationalität angehören. Wird in diesem Fall keine Unterhaltsberechtigung nach dem Recht des gewöhnlichen Aufenthaltsorts begründet, so ist Hilfsweise das Heimatrecht beider Lebenspartner anzuwenden[46].

III. Kindschaftsrechtliche Wirkungen

1. „Sorgerecht"

a. „Kleines Sorgerecht" [47]

Zwar sieht das Gesetz weder die Möglichkeiten der gemeinschaftlichen Adoption noch einer Stiefkindadoption vor, allerdings hat auch der Gesetzgeber für die Fälle, in denen der eine Lebenspartner ein Kind hat und mit diesem zusammenlebt, eine Regelungsnotwendigkeit gesehen.

Ist der in der Lebenspartnerschaft lebende Elternteil allein sorgeberechtigt, so hat der Gesetzgeber dem Partner, der nicht Elternteil des Kindes ist, gesetzliche Mitentscheidungsbefugnisse in Fragen der elterlichen Sorge eingeräumt (sog. „kleines Sorgerecht").

Dabei stellt das „kleine Sorgerecht" eine Mitentscheidungsbefugnis dar, die der Lebenspartner des Elternteils von Gesetzes wegen mit der Begründung der Lebenspartnerschaft erhält[48]. Er braucht also nicht für jede Tätigkeit eine besondere Gestattung oder Vollmacht.

---

[46] Art. 18 Abs. 1 Satz 2 EGBGB.

[47] Bezeichnung resultiert aus der Entwurfsbegründung, vgl. Bundestags-Drucksachen 14/3751, S. 39.

[48] § 9 Abs. 1 S. 1 LPartG

Das „kleine Sorgerecht“ umfasst die Befugnis des Lebenspartners zur Mitentscheidung in Angelegenheiten des täglichen Lebens des Kindes, Entscheidungen also, die häufig vorkommen und die keine schwer abzuändernden Auswirkungen auf die Entwicklung des Kindes haben[49]. Die Versorgung und tägliche Betreuung des Kindes aber auch Alltagsfragen, die im Leben des Kindes vorkommen, sowie im Rahmen der normalen medizinischen Vorsorge zu treffende Entscheidungen gehören damit zum Mitentscheidungsbereich des Partners. Nimmt der Lebenspartner die Mitentscheidungsbefugnis wahr, so wird das Kind durch ihn gesetzlich vertreten.

Die durch das „kleine Sorgerecht“ begründeten Mitentscheidungsbefugnisse entstehen mit Eingehung der Lebenspartnerschaft kraft Gesetzes. Das alleinige Entscheidungsrecht des sorgeberechtigten Lebenspartners wird durch das „kleine Sorgerecht“ also eingeschränkt, ohne dass der sorgeberechtigte Lebenspartner hierauf Einfluss hat. Diese Mitentscheidungsbefugnis ist durch den sorgeberechtigten Lebenspartner auch nicht frei widerrufbar[50].

Das „kleine Sorgerecht“ setzt allerdings voraus, dass der sorgeberechtigte Lebenspartner das alleinige Sorgerecht innehat.

Besteht ein gemeinsames Sorgerecht mit dem anderen Elternteil, so können dem anderen Partner nur durch Rechtsgeschäft, wie z.B. durch eine Vollmacht beider sorgeberechtigten Elternteile, eigene Mitentscheidungsbefugnisse bezüglich der elterlichen Sorge eingeräumt werden[51].

---

[49] § 1687 I Satz 3 BGB.

[50] Ebenso Schwab, FamRZ 2001, 385 ff (394), Dethloff, NJW 2001, S. 2598 ff (2602), Motzer, FamRZ 2001, S. 1034 (1039); a.A. Palandt-Brudermüller, 62. Aufl., LPartG 9, Rz. 1

[51] Ebenso Schwab, FamRZ 2001, 385 ff (394), Dethloff, NJW 2001, S. 2598 ff (2602); a.A. Motzer, FamRZ 2001, S. 1034 (1040), der den Begriff der alleinigen elterlichen Sorge dahingehend einschränkend auslegt, dass damit nur das Alleinentscheidungsrecht in Alltagsangelegenheiten des Kindes gemeint ist.

Bei nicht nur vorübergehendem Getrenntleben der Partner entfällt das „kleine Sorgerecht". Auch kann das Familiengericht das kleine Sorgerecht einschränken oder ausschließen, sofern es zum Wohl des Kindes erforderlich ist[52].

b. „Notsorgerecht"

Neben der Mitentscheidung bezüglich des täglichen Lebens des Kindes hat der Lebenspartner vor allem auch die Berechtigung, bei Gefahr im Verzug alle Rechtshandlungen vorzunehmen, die zum Wohl des Kindes notwendig sind[53] (sog. Notsorgerecht). Kann eine Entscheidung des sorgeberechtigten Elternteils nicht eingeholt werden und droht dem Kind ohne sofortiges Handeln ein Schaden, so wird der eingetragene Lebenspartner als gesetzlicher Vertreter tätig.

Insbesondere bei dringenden ärztlichen Behandlungen tritt das Notsorgerecht ein. Das Notsorgerecht hängt nicht vom Einverständnis des sorgeberechtigten Elternteils ab.

c. Auslandsbezug

Ist nun nicht, wie oben beschrieben die Lebenspartnerschaft in Deutschland begründet worden, so ist für das Adoptions- bzw. das Sorgerecht der Lebenspartner das Recht des Staates maßgeblich, indem die Lebenspartnerschaft begründet wurde. Die Grenzen dieser Regelung finden sich jedoch da, wo das ausländische Recht weiter geht als die deutschen Sachvorschriften und die Partner sich in Deutschland auf die weiterführenden Regelungen berufen. Möchten die Partner z.B. gemeinsam ein Kind adoptieren und wird ihnen dies im anzuwendenden Recht gestattet, so können sie sich nicht in Deutschland auf die aus z.B. niederländischem Recht bestehende Adoptionsbefugnis berufen. Eine gemeinschaftliche Adoption wäre somit unwirksam.

---

52 Art. 1 § 9 Abs. 3 und 4 LPartG.

53 Art. 1 § 9 LPartG.

Anders wäre es aber, wenn die Adoption bereits im Ausland unter dem entsprechend anzuwendenden Recht wirksam geworden ist. Dann wird auch in Deutschland die wirksame Adoption beider Lebenspartner anerkannt.

2. Andere kindschaftsrechtliche Regelungen

a. Umgangsrecht

Das Gesetz sieht für eingetragene Lebenspartner, die mit dem Kind des anderen Lebenspartners längere Zeit in häuslicher Gemeinschaft gelebt haben, ein eigenständiges Umgangsrecht vor[54], wenn dieses dem Wohl des Kindes entspricht. In der Regel entspricht ein Umgangsrecht dem Wohl des Kindes, wenn das Kind mit dem Lebenspartner solange zusammengelebt hat, dass dieser eine feste Bezugsperson geworden ist. Der sorgeberechtigte Elternteil und der Lebenspartner haben alles zu unterlassen, was das Verhältnis zu dem jeweils anderen beeinträchtigt oder die Erziehung erschwert[55]. Den Umfang und die Ausgestaltung des Umgangsrechts bestimmen die Parteien. Wenn keine Einigung zu erwarten ist, kann das Familiengericht den Umgang regeln.

Das Umgangsrecht entsteht auch, wenn kein alleiniges, sondern ein gemeinsames Sorgerecht des Partners mit dem anderen leiblichen Elternteil besteht. Der umgangsberechtigte Lebenspartner hat dann das Umgangsrecht gegenüber beiden sorgeberechtigten Elternteilen.

Neben dem Umgangsrecht des Lebenspartners kann das Familiengericht anordnen, dass das Kind bei dem Lebenspartner auch entgegen dem Willen des anderen Elternteils, der das alleinige Aufenthaltsbestimmungsrecht hat, verbleibt.

---

54 § 1685 Abs. 2 BGB.

55 § 1684 Abs. 2 BGB.

Hat ein Kind beispielsweise bei seinem Vater und dessen Lebenspartner gelebt und stirbt der Vater des Kindes, so kann gleichwohl vom Familiengericht angeordnet werden, dass das Kind bei dem Lebenspartner verbleibt und nicht zu der Mutter des Kindes kommt.

Voraussetzung ist dabei, dass das Wohl des Kindes durch eine Wegnahme durch den sorgeberechtigten Elternteil (im Beispiel die Mutter) gefährdet wäre.

Ist eine solche Anordnung durch das Familiengericht ergangen, kann der Lebenspartner die Wegnahme durch den anderen Elternteil verweigern.

Für die Ausgestaltung dieser Verbleibensanordnung durch das Familiengericht kommt es auf die näheren Umstände an, so spielen insbesondere das Alter des Kindes und die Beziehung des Kindes zu dem Lebenspartner eine große Rolle.

b. Auslandsbezug

Auch bei den oben genannten kindschaftsrechtlichen Regelungen sind, sofern die Partnerschaft nicht in Deutschland registriert worden ist, die Sachvorschriften des Staates anzuwenden, in dem die Partnerschaft registriert worden ist. Allerdings gilt auch diesbezüglich, dass die Wirkungen einer im Ausland registrierten Partnerschaft in Deutschland nicht weiter gehen als es das BGB oder das LPartG bestimmen.

3. Exkurs: Möglichkeiten ein gemeinsames Kind zu bekommen und aufzuziehen

Obwohl durch das LPartG die eingetragene Lebenspartnerschaft in vielen Teilen der Ehe gleichsetzt wurde, so ist doch ein gravierender Punkt, nämlich die Schaffung von Möglichkeiten ein gemeinsames Kind beispielsweise durch Adoption zu bekommen und aufzuziehen gänzlich außen vor geblieben.

Sofern die Partner Kinder mit in die Partnerschaft „bringen", besteht u.a. die Regelung des kleinen Sorgerechts. Sofern jedoch beide Partner gleichberechtigte Rechte und Pflichten für das Kind erhalten möchten, bestehen nur wenige rechtliche Möglichkeiten.

Nach neueren Schätzungen leben in der Bundesrepublik Deutschland etwa eine Million homosexuelle Eltern. Umfragen haben ergeben, dass der Kinderwunsch gleichgeschlechtlicher Partner nicht viel niedriger als bei heterosexuellen Paaren liegt. Etwa ein Drittel aller Schwulen und Lesben haben nach Erkenntnissen von Sozialwissenschaftlern den Wunsch nach Kindern.

Eine Studie über „Homosexuelle Männer und AIDS" hat ergeben, dass 27 % der Männer gerne Kinder hätten. Weitere 34 % antworteten mit „vielleicht".

a. Traditionelle Möglichkeiten

Lesbische Mütter leben mit ihren Kindern aus heterosexuellen Beziehungen in der Partnerschaft. Die meisten lesbischen Mütter haben ihre Kinder aus früheren heterosexuellen Ehen oder Beziehungen.

Homosexuelle Väter leben nur selten mit ihren Kindern aus heterosexuellen Beziehungen in der Partnerschaft. Auf Grund der traditionellen gesellschaftlichen Rollenteilung bleiben Kinder in der Regel nach der Trennung oder Scheidung bei ihren Müttern. Die meisten homosexuellen Väter halten dann nach vereinbarten Besuchsregelungen Kontakt zu ihren Kindern. Nur wenige Väter haben nach einer Trennung aus der heterosexuellen Beziehung das Sorgerecht für die Kinder und leben mit ihnen und dem neuen Partner zusammen.

b. Andere Formen

Während in den Niederlanden, in den USA, Kanada, Australien und Neuseeland schon häufig andere Formen homosexueller Elternschaft vorkommen, sind diese im deutschsprachigen Raum noch sehr selten.

Grund dafür ist in erster Linie die hier in Deutschland noch fehlende Akzeptanz in der Bevölkerung. Daraus resultieren dann rechtlich schwer nachvollziehbare Regelungen und eine kaum überschaubare Bürokratie, die in erster Linie den Schutz der Kinder und den traditionellen Begriff der Familie gewährleisten sollen.

Die rechtlichen Möglichkeiten für Lebenspartner, ihren Kinderwunsch zu realisieren, sind daher überaus eingeschränkt.

(1) Pflegschaft/Adoption

Nach deutschem Recht können Adoptionen nur dann von zwei Personen gemeinschaftlich ausgeübt werden, wenn diese mit einander verheiratet sind. Da diese Möglichkeit für die Lebenspartnerschaft nicht vorgesehen ist, kommt für die Lebenspartner nur eine Einzeladoption in Betracht.

Durch die Einzeladoption kann aber nur einer der beiden Lebenspartner das Kind adoptieren, so dass die Wirkungen der Adoption nur zu dem Adoptierenden hergestellt werden, während der andere Lebenspartner außen vor bleibt.

Außerdem ist die tatsächliche Möglichkeit einer Einzelperson, ein Kind zu adoptieren, überaus gering. Hintergrund dafür ist, dass es in Deutschland nicht viele Kinder gibt, die für eine Adoption zur Verfügung stehen. Demgegenüber steht eine sehr viel größere Zahl an Paaren und Einzelpersonen, die ein Kind adoptieren möchten. Da die Behörden der gemeinsamen Adoption durch Ehepaare aber den Vorzug vor der Einzeladoption geben, ist eine Adoption durch eine Einzelperson, gleich welcher geschlechtlichen Orientierung, in Deutschland so gut wie ausgeschlossen.

Wer trotzdem ein Kind adoptieren möchte, muss sich um eine Auslandsadoption kümmern. Für eine in Deutschland gültige Adoption eines ausländischen Kindes sind die Adoptionsvermittlungsstellen des Jugendamtes zuständig. Erhält man eine Adoptionserlaubnis, so kann man sich dann im Ausland bei den entsprechenden Behörden um ein Adoptivkind bemühen oder sich an Adoptionsvermittlungsorganisationen wenden. Aber auch Auslandsadoptionen sind in der Regel sehr langwierig und aufgrund bürokratischer Hemmnisse schwierig.

Eine andere Möglichkeit für Lebenspartnerschaften, sich den Kinderwunsch zu erfüllen, ist die Pflegschaft für ein Kind. Im Gegensatz zu der Adoption wird bei der Pflegschaft keine verwandtschaftliche Bindung hergestellt, sondern nur die tatsächliche Sorge für ein Kind übertragen. Da in Deutschland ein großer Bedarf an Pflegeeltern besteht, ist die Wahrscheinlichkeit auch als gleichgeschlechtliches Paar ein Pflegekind zu erhalten. Wer als Pflegeeltern für ein Kind eingesetzt werden möchte, muss einen Antrag bei dem örtlichen Jugendamt stellen.

Der Nachteil einer Pflegeelternschaft ist jedoch, dass die Pflegekinder zum Teil nur vorübergehend an die Pflegeeltern gegeben werden. Außerdem sind die Pflegekinder in der Regel älter und stammen aus sehr problematischen Familienverhältnissen.

TIPP! Informieren Sie sich eingehend bei dem zuständigen Jugendamt über die verschiedenen Formen und Anforderungen einer Pflegschaft, bevor Sie sich entscheiden.

(2) Leihmutterschaft

Für zwei homosexuelle Männer lässt sich ohne Adoption der Wunsch nach einem eigenen Kind nur durch die Leihmutterschaft realisieren.
Unter einer Leihmutter versteht man eine Frau, die stellvertretend für jemand anders ein Kind austrägt und den Personen, für die sie das Kind austrägt, das Kind nach der Geburt überlässt.

Die Leihmutter trägt das Kind aus, welches sie in der Regel durch künstliche Befruchtung mit Hilfe des Spermas eines der homosexuellen Partner empfangen hat. Der biologische Vater wird nach der Geburt durch Übertragung des alleinigen Sorgerechts auf ihn der alleinige legale Elternteil des Kindes, und das Kind wird im Falle einer Partnerschaft von beiden Männern aufgezogen. Der Partner könnte dann das kleine Sorgerecht erhalten.

Im Ausland ist dies schon wiederholt vorgekommen[56].

Eine solche Möglichkeit ist allerdings nach der derzeit in Deutschland geltenden Rechtslage nicht möglich. Die Vereinbarungen zwischen der Mutter und den homosexuellen Partnern sind nach deutschem Recht unwirksam. Selbst wenn sich eine Frau zum Austragen eines Kindes bereit erklärt und sich verpflichtet, das Kind nach der Geburt dem Erzeuger und seinem Lebenspartner zu überlassen, so kann sie es sich jederzeit überlegen und das Kind behalten. Der Erzeuger müsste dann Unterhalt zahlen, ohne das Kind bei sich zu haben.

Darüber hinaus ist das Institut der Leihmutterschaft in Deutschland gesetzlich unter Strafe gestellt[57]. Wer eine künstliche Befruchtung einer Leihmutter durchführt, wird mit bis zu drei Jahren Freiheitsstrafe oder mit Geldstrafe bestraft. Lediglich die Leihmutter und die Personen, die das Kind auf Dauer bei sich aufnehmen möchten, werden nicht bestraft[58].

(3) Insemination

Bei der künstlichen Besamung (Insemination) wird Sperma des Mannes in die Vagina oder Gebärmutter der Frau eingeführt, wo es dann zur Befruchtung der Einzelle kommt. Zu unterscheiden ist zwischen der homologen Insemination, bei der der Samen des Ehemanns eingeführt wird, und der heterologen Insemination, bei der der Samen eines Dritten eingeführt wird.

Zur Realisierung des Kinderwunsches eines gleichgeschlechtlichen

---

56 Vgl. z.B. http://rhein-zeitung.de/on/02/07/27/topnews/w/schwul.html.

57 § 1 Abs. 1 Nr. 7 ESchG.

58 § 1 Abs. 1 Nr. 7, Abs. 3 Nr. 2 ESchG.

Paares kommt demnach nur die heterologe Befruchtung in Betracht. Außerdem steht die Insemination an sich nur den Frauen offen, da Männer für die Insemination eine Leihmutter benötigen, was jedoch, wie bereits oben ausgeführt, verboten ist.

Im Weiteren wird somit nur auf die Möglichkeiten einer heterologen Insemination lesbischer Frauen eingegangen.

Soll die Schwangerschaft nicht mit dem Sperma eines bekannten oder befreundeten Samenspenders herbeigeführt werden, so bliebe die Möglichkeit einer Samenbank.

In Deutschland gibt es eine Reihe von Samenbanken.

Problematisch ist jedoch, dass das Embryonenschutzgesetz festschreibt, dass Eingriffe wie die Insemination ausschließlich durch einen Arzt zu erfolgen haben[59]. Wer gegen diesen Arztvorbehalt verstößt, wird mit Freiheitsstrafe bis zu einem Jahr oder mit Geldstrafe bestraft[60]. Unbestraft bleiben die Frau, die eine künstliche Insemination bei sich vornimmt und der Samenspender.

Die landesrechtlichen Standesregeln der deutschen Ärzteschaft schreiben wiederum vor, dass eine Insemination mit Spendersamen durch einen Arzt nur bei einer verheirateten Frau oder einem heterosexuellen Paar, welches in einem eheähnlichen Verhältnis lebt, erlaubt ist.

Eine Insemination für allein stehende Frauen oder homosexuelle Paare in Deutschland ist damit nicht möglich.

Diese Einschränkungen bestehen allerdings im Ausland vielfach nicht. Somit könnte die künstliche Befruchtung in einer ausländischen Samenbank durchgeführt werden.

---

59 § 9 Nr. 1 ESchG.

60 §§ 9 Nr. 1, 11 Abs. 1 Nr. 1 ESchG.

In den Niederlanden, Belgien oder Dänemark ist beispielsweise eine heterologe Insemination bei Einzelpersonen oder gleichgeschlechtlichen Paaren möglich.

Die Kontaktaufnahme mit den Instituten und Samenbanken insbesondere in den Niederlanden ist in der Regel unkompliziert.

Die Angebote der unterschiedlichen Institute und die Kosten variieren jedoch, so dass vorab eine umfassende Information zu empfehlen ist.

Die wichtigsten Fragen sind vor allem:

- Woher kommt der Spender?
- Inwieweit kann ich mir den Spender oder gewisse Merkmale aussuchen?
- Ist die Spende anonym erfolgt, oder hat man die Möglichkeit später Kontakt aufzunehmen?
- Wie läuft das im speziellen Fall ab?
- Wie oft muss ich in das Institut kommen?
- Kann ich mir auch das Sperma zuschicken lassen?
- Kooperiert das Institut mit einer deutschen Frauenarztpraxis?
- Kann ich die Durchführung auch zuhause machen?
- Was kostet die Behandlung insgesamt?

Grundsätzlich wird nach der ersten Kontaktaufnahme ein Termin in dem Institut festgelegt, damit Voruntersuchungen durchgeführt, Vertragsbedingungen geklärt und die unterschiedlichen Verfahrensweisen erklärt werden können.

Auch ein Spender wird von dem Institut unter Rücksichtnahme der Interessen der Mutter bestimmt.

Wie aktuell das Thema einer Samenbank für Lesben ist, wird auch darin deutlich, dass in England kürzlich eine Online Samenbank eingerichtet wurde[61].

Danach soll unter der Webadresse „www.mannotincluded.com" demnächst auch ein spezieller Service für lesbische Frauen angebo-

---

61 http://www.mymed.cc/Content.Node2/content/gesundheit/4881.php.

ten werden. Mit Hilfe dieser Möglichkeit soll gleichgeschlechtlichen Paaren der Kinderwunsch ermöglicht werden, ohne dabei langwierige Wege zu Behörden und Fertilitätskliniken absolvieren zu müssen. Die meisten Samenbanken arbeiteten bislang mit anonymen Spendern. Der Spender und die Mutter haben keinen Kontakt und über den Spender sind nur äußere Merkmale wie die körperliche Erscheinung, Haut,- Haar- und Augenfarbe bekannt.

Zusätzlich werden die Frauen noch über die wichtigsten Wesensmerkmale, die Nationalität und gegebenenfalls die Schulbildung des Spenders informiert.

Diese Anonymität schützt den so genannten Nein-Spender vor Unterhaltsansprüchen und anderen Kontaktversuchen durch die von ihm genetisch Abstammenden. Sie ist häufig für die Spender eine sehr wichtige Bedingung, um überhaupt ihren Samen zur Verfügung zu stellen. Der Nein-Spender hat keine Möglichkeit, Kontakt zu den Eltern und den Kindern aufzunehmen. In dieser Anonymität liegt die besondere Stärke der Samenbanken. Aus diesem Grund entscheiden sich viele Frauen für eine Samenbank, die mit anonymen Spendern zusammenarbeitet. Die Frauen brauchen nicht zu befürchten, dass der Samenspender Kontakt zu den Kindern aufnimmt und gegebenenfalls auch Ansprüche auf die Kinder erhebt.

Gleichwohl ergeben sich aus der anonymen Spende eine Vielzahl rechtlicher und tatsächlicher Probleme.

Grundsätzlich bleibt der genetische Vater, also hier der Spender, der rechtliche Vater des Kindes. Allein bei Eheleuten wird von der Vaterschaft des Ehemanns gesetzlich ausgegangen, auch wenn das Kind durch heterologe Insemination entstanden ist. Durch das in Kraft getretene Kinderrechtverbesserungsgesetz kann der Ehemann trotz heterologer Insemination die Vaterschaft nicht anfechten[62]. Dem auf diese Weise gezeugten Kind soll eine rechtlich gesicherte Position wie die eines angenommenen Kindes verschafft werden.

---

[62] § 1600 Abs.2 BGB.

Ganz anders sieht die Rechtslage jedoch bei einer heterologen Insemination einer lesbischen Frau aus. Während es bei heterologer Insemination in einer Ehe zwei Väter gibt, nämlich den biologischen und den rechtlichen, ist im Falle der lesbischen Mutter lediglich der biologische Vater als rechtliche Bezugsperson väterlicherseits vorhanden. Grundsätzlich hat also hier das Kind Unterhaltsansprüche gegen den genetischen Vater. Auch hat das Kind beim Tode des biologischen Vaters ein Anrecht auf einen Pflichtteil des Erbes.

Handelt es sich aber um einen anonymen Spender, so ist die Geltendmachung der Rechte des Kindes und auch das vom Bundesverfassungsgericht zugestandene Recht des Kindes auf Kenntnis des biologischen Vaters nicht durchsetzbar.

Auch wenn die Mutter und deren Lebenspartnerin die Unterhaltspflicht des genetischen Vaters übernehmen und das Kind so zumindest finanziell keinen Nachteil erleidet, können sich erhebliche Probleme ergeben, wenn sowohl die Mutter als auch deren Lebenspartnerin aufgrund äußerer Umstände ihre finanzielle Leistungsfähigkeit verlieren.

Außerdem hat das Kind keine Möglichkeit nähere Informationen über den Erzeuger zu erhalten oder ihn gar kennen zu lernen. Dies kann für das Kind zu erheblichen persönlichen Problemen führen, da ein Mensch erwiesenermaßen wissen möchte, wer ihn gezeugt hat. Außerdem kann dies zu rechtlichen Problemen führen, da er hierauf ein vom Bundesverfassungsgericht festgestelltes Recht hat.

Dieser Umstand würde gegebenenfalls einen Schadensersatzanspruch des Kindes sowohl gegen die Samenbank als auch gegen die Mutter begründen. Durch Vereinbarung der Anonymität haben die Vertragsparteien einen unzulässigen Vertrag zu Lasten des Kindes abgeschlossen, da das Kind seine Ansprüche gegen den Vater aufgrund des Vertrags über eine Samenspende eines anonymen Spenders nicht geltend machen kann.
Die weitreichenden rechtlichen Konsequenzen einer genetischen Vaterschaft machen aber auch deutlich, warum die wenigsten Spender einer nicht anonymen Spende zustimmen würden.

Das Kind hat einen Unterhaltsanspruch gegenüber dem Vater und einen erbrechtliches Pflichtteilsrecht gegenüber den Erben des biologischen Vaters. Anders als bei Nein-Spender kann hier der Anspruch des Kindes geltend gemacht und durchgesetzt werden.

Um dieser Situation zu entkommen werden zwar häufig Verträge zwischen dem Spender und der Mutter direkt oder zwischen Samenbank und Spender und zwischen Samenbank und Mutter geschlossen. Darin wird der Vater von der gesetzlichen Unterhaltsverpflichtung befreit, indem die Mutter oder deren Partner die Unterhaltspflicht übernimmt.

Der genetische Vater bleibt aber auf Lebzeiten der Vater des Kindes, es sei denn, es bekommt durch Adoption neue Eltern.

An dieser rechtlichen Stellung des Vaters kann auch die mit den sozialen Eltern geschlossene Vereinbarung etwas ändern. Wenn zwischen den Beteiligten klar ist, dass der Samenspender nicht die Rolle eines Vaters spielen soll und daher natürlich auch keinen Unterhalt zahlen soll, ist es deshalb umso wichtiger, dass genaue Absprachen getroffen werden.

Grundsätzlich ist dieser Vertrag zwischen den Parteien wirksam, aber auch nur zwischen den Parteien und gerade nicht gegenüber Dritten, wie beispielsweise dem Kind oder dem Jugendamt.

Das bedeutet, dass der Vater nur solange entlastet ist, wie der Vertrag Bestand hat und auch erfüllt wird.

Ist die durch den Vertrag zum Unterhalt verpflichtete Person aber finanziell nicht mehr in der Lage, den Unterhalt zu zahlen, etwa durch Insolvenz, so lebt die Verpflichtung des genetischen Vaters wieder auf. Das bedeutet, dass man den Vater durch Verträge grundsätzlich entlasten kann, jedoch wenn diese Verträge nicht erfüllt werden können, der Vater wieder zur Zahlung verpflichtet ist.

Außerdem führt ein solcher Vertrag zwischen Mutter und Spender nicht zum Erlöschen erbrechtlicher Ansprüche des Kindes gegenüber dem biologischen Vater.

Diese Problematik wird auch im Ausland immer ernster genommen. So wurde in den Niederlanden beispielsweise eine Gesetzesänderung zum Schutz der werdenden Kinder verabschiedet.

Ab 2004 werden in Holland nur noch Samenspender zugelassen, die als Ja-Spender auftreten. Diese Spender müssen bei einer Samenspende zum Zweck einer späteren Insemination zustimmen, dass ihre bis zu 25 Kinder mit Erreichen des sechzehnten Lebensjahres von ihrem Recht Gebrauch machen dürfen, ihren biologischen Vater kennen zu lernen.

(4) In-Vitro-Fertilisation

Bei der so genannten In-Vitro-Fertilisation wird die Befruchtung der Eizelle mit dem Sperma des Mannes außerhalb des weiblichen Körpers im Reagenzglas herbeigeführt, um dann der Frau eine befruchtete Eizelle in die Gebärmutter einzusetzen. Auch hier muss der Eingriff durch einen Arzt erfolgen, der durch das Standesrecht daran gebunden ist, eine solche Befruchtung nur bei einer verheirateten Frau durchzuführen. Somit kommt diese Möglichkeit für homosexuelle Paare in Betracht.

(5) Vergleich mit anderen Ländern

Die Ausgestaltungen der Gesetze über Leihmutterschaft und Insemination sind in den verschiedenen Ländern höchst unterschiedlich ausgestaltet.

Diese Unterschiede lassen sich der nachfolgenden Übersicht[63] entnehmen:

Belgien nur Regelungen formeller Art					
Insemination mit Samenspende (ohne Eizellgewinnung)	In-Vitro-Fertilisation (IVF) und Embryotransfer	Eizellspende Embryospende	Kryo-konservierung (Tieffrieren)	Leih-(=Trage-) mutterschaft	Klonen (von Menschen)
praktiziert	praktiziert	praktiziert	praktiziert	nicht verboten	nicht verboten

[63] Quelle: Max-Planck-Institut für Ausländisches und Internationales Strafrecht, Freiburg, im Auftrag des *stern*.

Dänemark Gesetz Nr. 460 vom 10.6.1997 / Verordnung Nr. 728 vom 17.9.1997					
Insemination mit Samen-spende (ohne Eizell-gewinnung)	In-Vitro-Fertilisation (IVF) und Embryo-transfer_	Eizellspende Embryo-spende	Kryo-koservierung (Tieffrieren)	Leih-(=Tra-ge-) mutter-schaft	Klonen (von Men-schen)
erlaubt	erlaubt	erlaubt	erlaubt	verboten	---

Frankreich Gesetz Nr. 94-653 vom 29.7.1994					
Insemination mit Samenspen-de (ohne Eizell-gewinnung)	In-Vitro-Fertilisation (IVF) und Embryo-transfer	Eizellspende Embryo-spende	Kryo-konservie-rung (Tieffrieren)	Leih-(=Tra-ge-) mutter-schaft	Klonen (von Menschen)
erlaubt	erlaubt	erlaubt	erlaubt	verboten	verboten

Grossbritannien Surrogacy Arrangements Act 1985 / Family Law Reform Act 1987 / Human Fertilisation and Embryology Act 1990					
Insemination mit Samen-spende (ohne Eizell-gewinnung)	In-Vitro-Fertilisation (IVF) und Embryo-transfer_	Eizellspende Embryo-spende	Kryo-konser-vierung (Tieffrieren)	Leih-(=Tra-ge-) mutter-schaft	Klonen (von Men-schen)
erlaubt	erlaubt	erlaubt	erlaubt	erlaubt	verboten

Niederlande Strafgesetzbuch-Ergänzung vom 16.9.1993					
Insemination mit Samen-spende (ohne Eizell-gewinnung)	In-Vitro-Fertilisation (IVF) und Embryo-transfer_	Eizellspende Embryo-spende	Kryo-konser-vierung (Tieffrieren)	Leih-(=Tra-ge-) mutter-schaft	Klonen (von Men-schen)
praktiziert	Praktiziert	praktiziert	praktiziert	praktiziert	(verboten)

Norwegen Gesetz Nr. 56 v. 5.8.1994					
Insemination mit Samenspende (ohne Eizellgewinnung)	In-Vitro-Fertilisation (IVF) und Embryotransfer	Eizellspende Embryospende	Kryo-konservierung (Tieffrieren)	Leih-(=Trage-) mutterschaft	Klonen (von Menschen)
erlaubt	erlaubt	verboten	erlaubt	---	---

Österreich Fortpflanzungsmedizingesetz vom 4.6.1992					
Insemination mit Samenspende (ohne Eizellgewinnung)	In-Vitro-Fertilisation (IVF) und Embryotransfer	Eizellspende Embryospende	Kryo-konservierung (Tieffrieren)	Leih-(=Trage-) mutterschaft	Klonen (von Menschen)
erlaubt	erlaubt	verboten	erlaubt	verboten	---

Schweden Gesetz Nr. 1140 vom 20.12.1984 / Richtlinie vom 27.3.1987 / Gesetz Nr. 711 vom. 8.6.1988 / Richtlinie vom. 30.11.1989 / Gesetz Nr. 115 vom. 14.3.1991					
Insemination mit Samenspende (ohne Eizellgewinnung)	In-Vitro-Fertilisation (IVF) und Embryotransfer	Eizellspende Embryospende	Kryo-konservierung (Tieffrieren)	Leih-(=Trage-) mutterschaft	Klonen (von Menschen)
erlaubt	erlaubt	verboten	erlaubt	verboten	(verboten)

Schweiz Art. 24 novies Bundesverfassung, eingefügt 13.8.1992 / Fortpflanzungsmedizin-Gesetz vom 18.12.1998					
Insemination mit Samenspende (ohne Eizellgewinnung)	In-Vitro-Fertilisation (IVF) und Embryotransfer	Eizellspende Embryospende	Kryo-konservierung (Tieffrieren)	Leih-(=Trage-) mutterschaft	Klonen (von Menschen)
erlaubt	erlaubt	verboten	erlaubt	verboten	verboten

Spanien Gesetz Nr. 35/1988 vom 24.11.1988 / Gesetz Nr. 42/1988 vom. 28.12.1988					
Insemination mit Samenspende (ohne Eizellgewinnung)	In-Vitro-Fertilisation (IVF) und Embryotransfer	Eizellspende Embryospende	Kryo-konservierung (Tieffrieren)	Leih-(=Trage-) mutterschaft	Klonen (von Menschen)
erlaubt	erlaubt	erlaubt	erlaubt	nicht verboten	verboten

Deutschland Embryonenschutz-Gesetz von 1991 (Richtlinien der Ärztekammern)					
Insemination mit Samenspende (ohne Eizellgewinnung)	In-Vitro-Fertilisation (IVF) und Embryotransfer	Eizellspende Embryospende	Kryo-konservierung (Tieffrieren)	Leih-(=Trage-) mutterschaft	Klonen (von Menschen)
grds. erlaubt, aber Standesrecht der Ärzte verbietet Insemination bei nicht verheirateten Frauen	erlaubt	verboten	erlaubt	verboten	verboten

(6) Co-Elternschaft

Rein rechtlich besteht für die Partnerin der lesbischen Mutter nur eine Co- Elternschaft. Ist das Paar eine Lebenspartnerschaft eingegangen, so hat die Partnerin die bereits genannten Rechte und Pflichten. (Kindschaftsrechtliche Regelungen des LPartG) Etwas anderes ergibt sich nur innerhalb der Parteien, also der Mutter und dessen Partnerin und dem biologischen Vater, sofern sich die Partnerin wie oben beschrieben vertraglich gegenüber dem biologischen Vater verpflichtet.

V. Erbrechtliche Wirkungen

Mit Inkrafttreten des LPartG hat sich auch die erbrechtliche Stellung des Lebenspartners in mehrfacher Hinsicht deutlich verbessert.

Bevor jedoch auf die erbrechtliche Stellung des Lebenspartners eingegangen wird, soll zum besseren Verständnis ein kurzer Einblick in das Erbrecht erfolgen.

1. Gewillkürte Erbfolge

Wer Erbe wird hängt von der Entscheidung des Erblassers ab. Er kann z.B. durch ein Testament entsprechende Verfügungen treffen, um sicherzustellen, dass der Nachlass den Personen zufällt, die er dafür vorgesehen hat. Gesetzlich wird der Entscheidung des Erblassers Vorrang vor der gesetzlichen Erbfolge gewährt. Dennoch sind Testamente oder andere letztwillige Verfügungen immer noch die Ausnahme und das obwohl eine auf den Erblasser individuell abgestimmte Anordnung, in aller Regel ein besseres Ergebnis erzielt als die allgemein gehaltenen gesetzlichen Regelungen.

2. Gesetzliche Erbfolge

Hat der Erblasser keinen Erben bestimmt, so tritt die gesetzliche Erbfolge ein.

Dies ist dann der Fall, wenn der Erblasser überhaupt keine Verfügungen von Todes wegen (Testament oder Erbvertrag) errichtet hat oder wenn eine vorgenommene Verfügung unwirksam ist.

Gesetzliche Erben sind die Verwandten des Erblassers und sein Ehegatte bzw. Lebenspartner. Nicht im Sinne des Erbrechts verwandt, und daher von der gesetzlichen Erfolge ausgeschlossen, sind Verschwägerte also z.

B. Schwiegersohn, Schwiegermutter, Stiefvater, angeheiratete Onkel oder Tanten da sie mit dem Erblasser keine gemeinsamen Vorfahren haben. Eine Ausnahme zu dieser Regelung besteht bei der Adoption. Durch die Adoption entsteht ein umfassendes gesetzliches Verwandtschaftsverhältnis zu den Adoptiveltern und deren Verwandten. Eine weitere Ausnahme besteht für Ehegatten und Lebenspartner, die nicht miteinander verwandt sind, aber trotzdem während der Ehe oder der Lebenspartnerschaft ein eigenes Erbrecht in Bezug auf ihre Partner haben. Dieses Erbrecht endet mit der Scheidung, gegebenenfalls auch in der Scheidungsphase, und mit der Aufhebung der Lebenspartnerschaft. Partner einer nichtehelichen Lebensgemeinschaft gelten vom Gesetz her als nicht erbberechtigt.

Grundlage der gesetzlichen Erbfolge ist es, dass die engeren Verwandten des Erblassers den weiteren Verwandten vorgezogen werden.

Das Gesetz teilt die Verwandten in Erben unterschiedlicher Ordnung ein.

a. Gesetzliche Erben 1. Ordnung

Zu den Erben 1. Ordnung gehören nur die Abkömmlinge des Erblassers. Das sind die ehelichen und nichtehelichen Kinder sowie die Adoptivkinder, aber nicht Stief- und Pflegekinder. Die Enkel und die Urenkel usw. gehören auch zur 1. Ordnung, erben jedoch nur, wenn der Elternteil über den sie mit dem Erblasser verwandt sind, bereits verstorben ist.

1. Bsp.: Der Sohn des Erblassers (Witwer) ist erbberechtigt, daneben kann die Tochter des Sohns, also die Enkelin des Erblassers, nicht erben. Sie wird durch den Vater von der Erbfolge ausgeschlossen. Diese Tochter würde erst erben, wenn der Vater vor dem Großvater verstirbt.

2. Bsp.: Ein verwitweter Erblasser hat 3 Kinder. Alle drei Kinder sind als gesetzliche Erben der 1. Ordnung berufen und erben daher stets zu gleichen Teilen, also jedes Kind 1/3 der Erbschaft. Ist eines der Kinder bereits zeitlich vor dem Erblasser verstorben, so scheidet es im Zeitpunkt des eigenen Todes aus, da nur Lebende Erben sein können. Wenn das verstorbene Kind selbst 2 Kinder hat, so treten die Enkel des Erblassers an die Stelle des verstorbenen Kinds. Die Enkel erhalten zusammen den sonst ihrem Vater/ihrer Mutter zufallenden Teil (1/3 der Erbschaft), jeder Enkel also 1/6 der Erbschaft.

Schematisch lässt sich die Erbfolge im Beispielsfalls folgendermaßen darstellen: (die grau hinterlegten Personen sind bereits vorher verstorben)

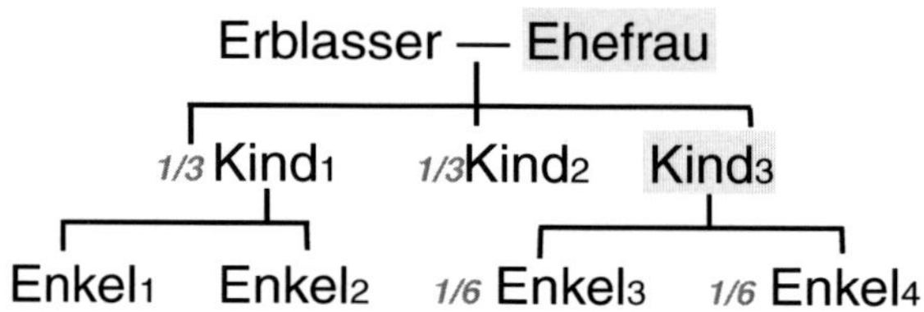

b. Gesetzliche Erben 2. Ordnung

Erben der 2. Ordnung, also jener Ordnung gesetzlicher Erben, denen nur dann ein Erbrecht zusteht, wenn kein Angehöriger aus der 1. Ordnung vorhanden ist, sind die Eltern des Verstorbenen und deren Kinder und Kindeskinder. Dies sind also die Geschwister und die Neffen und Nichten des Erblassers.

Auch hier ist geregelt, dass die Kinder eines ursprünglich Erbberechtigten, der jedoch bereits verstorben ist, den Erbteil des Elternteils übernehmen. Leben die Eltern des Erblassers noch, so erben sie allein und zu gleichen Teilen. Sie verdrängen somit die Geschwister und deren Abkömmlinge. Lebt nur noch ein Elternteil, so treten an die Stelle des Verstorbenen die Kinder.

1. Bsp.: Der Erblasser hinterlässt Vater, Mutter und 2 Schwestern. Es erben die Eltern des Erblassers mit je ½.

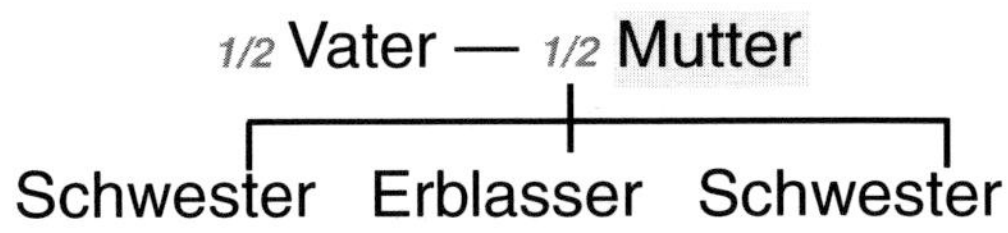

2. Bsp.: Wie oben nur die Mutter verstarb vor dem Erblasser. Der Vater erbt mit ½ und der Erbteil der Mutter wird auf die Abkömmlinge zu gleichen Teilen verteilt. Die Schwestern erben also jeweils ¼ der Erbschaft.

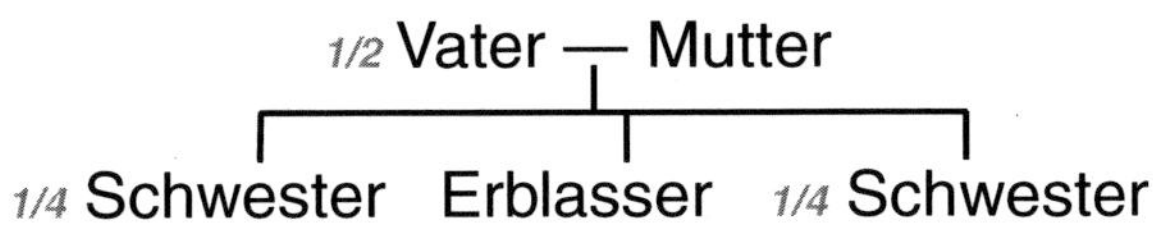

c. Gesetzliche Erben 3. Ordnung

Die Erben der 3. Ordnung sind die Großeltern des Erblassers und deren Abkömmlinge, also Onkel und Tante, Cousin (Vetter) und Cousine (Base). Sind alle 4 Großeltern noch am Leben, so erben sie allein und zu gleichen Teilen. An die Stelle eines verstorbenen Großelternteils treten dessen Abkömmlinge. Sind keine Abkömmlinge vorhanden, so fällt das Viertel des z.B. verstorbenen Großvaters der Großmutter zu. Lebt auch sie nicht mehr, so bekommt das andere Großelternpaar die gesamte Erbschaft.

Bsp.: Der Erblasser ist das einzige Kind seiner vor ihm verstorbenen Eltern. Von den Großeltern väterlicherseits lebt noch die Großmutter und von den Großeltern mütterlicherseits lebt noch der Großvater. Aus der Ehe der Großeltern väterlicherseits leben noch die beiden Kinder, also Onkel und Tante des Erblassers. Aus der Ehe der Großeltern mütterlicherseits gehen keine weiteren Abkömmlinge hervor.

Die noch lebenden Großelternteile erben jeweils ¼ , die Kinder der Großeltern väterlicherseits erben den Erbteil des Großvaters also jeweils 1/8. Außerdem erbt der Großvater mütterlicherseits den Anteil der verstorbenen Ehefrau, da keine Abkömmlinge vorhanden sind.

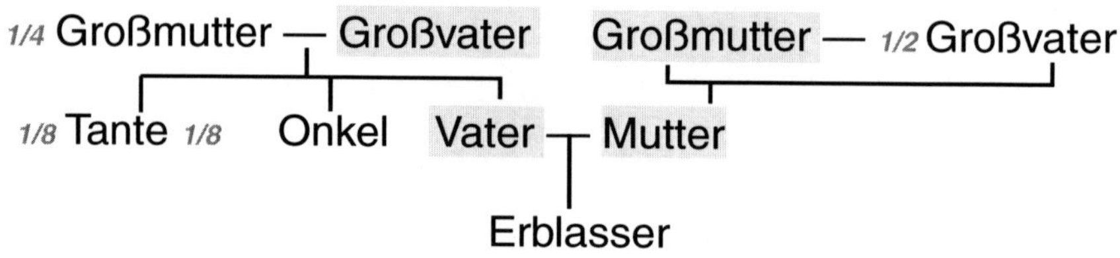

WICHTIG und gültig für alle Ordnungen: Ist nur ein Verwandter aus einer vorhergehenden Ordnung noch am Leben, schließt diese alle möglichen Erben fernerer Ordnung aus.

d. Gesetzliches Erbrecht des Lebenspartners

Der überlebende Lebenspartner ist, unabhängig vom partnerschaftlichen Güterstand, neben Abkömmlingen zu ¼, neben Verwandten der 2. Ordnung – also Eltern, Geschwister, Neffen und Nichten des Erblassers und neben Erben der 3. Ordnung- also Großeltern und deren Abkömmlinge zu ½ als gesetzlicher Erbe bestimmt.

Sind die Lebenspartner den gesetzlichen Güterstand der Ausgleichsgemeinschaft eingegangen so erhöht sich der angegebene Erbteil um ¼. Also neben Erben der ersten Ordnung erbt der Lebenspartner zu ½ und neben Erben der 2. und dritten Ordnung zu ¾, sofern bei der 3. Ordnung noch Großeltern vorhanden sind. Ansonsten erbt der Lebenspartner bereits gegenüber den Abkömmlingen der Großeltern den gesamten Nachlass. Gegenüber Erben der 4. oder weiteren Ordnungen erbt der Lebenspartner den gesamten Nachlass.

Weiterhin erhält der Lebenspartner neben Verwandten der ersten Ordnung die zur Führung eines Haushalts notwendigen Gegenstände. Neben Erben der 2. Ordnung oder neben den Großeltern des verstorbenen Partners erhält er sämtliche Haushaltsgegenstände. Hierbei handelt es sich um das so genannte Voraus.

Schematisch lässt sich das gesetzliche Erbrecht des Lebenspartners, der mit dem Verstorbenen im Güterstand der Austauschgemeinschaft oder der Vermögenstrennung gelebt hat, wie folgt darstellen:

	Erste Ordnung	Zweite Ordnung	Dritte Ordnung	Weitere Ordnungen
Austausch-gemein-schaft	1/2 + Voraus	3/4 + Voraus	3/4 + Anteil verstorbener Großeltern + Voraus	Gesamter Nachlass
Vermögens-trennung	1/4 + Voraus	1/2 + Voraus	1/2 + Anteil verstorbener Großeltern Voraus	Gesamter Nachlass

e. Die nichteheliche Lebensgemeinschaft

Zwischen Partnern einer nichtehelichen Lebensgemeinschaft, die keine Lebenspartnerschaft begründet haben, besteht kein gesetzliches Erbrecht. Soll der Partner nicht leer ausgehen, so muss er durch eine Verfügung von Todes wegen (Testament, Erbvertrag) als Erbe eingesetzt werden.

3. Enterbung

Der Erblasser kann durch das Testament jeden, dem ein gesetzliches Erbrecht zustehen würde, von dieser Erbfolge ausschließen. Dies kann er ausdrücklich machen, indem er das in einem Testament niederlegt. Eine ausdrückliche Enterbung ist aber noch nicht einmal erforderlich. Es reicht, in einem Testament einen anderen Erben zu bestimmen und damit seinen Nachlass einem anderen zuzuwenden.

4. Pflichtteil

Der Erblasser kann durch ein Testament einen grundsätzlich Erbberechtigten ausschließen, indem er seinen Nachlass z.B. einem anderen zuwendet. Dieser Ausschluss eines Erbberechtigten bewirkt, dass diesem das Erbrecht entzogen wird.

Jedoch sind bestimmte Erbberechtigte nach Ausschluss durch eine letztwillige Verfügung pflichtteilsberechtigt. Das bedeutet, dass die Pflichtteilsberechtigten wenigstens einen Teil des hinterlassenen Vermögens in Geld erhalten.

Pflichtteilsberechtigt sind die Kinder und Kindeskinder des Erblassers, die Ehegatten und die Lebenspartner. Die Eltern des Erblassers sind nur dann pflichtteilsberechtigt, wenn keine Abkömmlinge vorhanden sind.

Dagegen erhalten die Geschwister des Erblassers, die Großeltern oder noch entferntere Verwandte keinen Pflichtteil, auch wenn sie ohne Testament des Erblassers Erben geworden wären.

Die Höhe des Pflichtteils errechnet sich aus der Höhe des Erbteils, welcher ohne ein Testament des Erblassers dem Pflichtteilsberechtigten zugestanden hätte. Der Pflichtteil beziffert sich dann in der Hälfte dieses Werts des gesetzlichen Erbteils.

Bsp.: *Ist der hinterbliebene Lebenspartner allein erbberechtigt, d.h. sind keine Erben der 1-3. Ordnung vorhanden, würde er den gesamten Nachlass erben. Vererbt der Erblasser sein gesamtes Vermögen dann beispielsweise dem Tierschutzverein, ist der Lebenspartner noch pflichtteilsberechtigt. Er hat somit einen Geldanspruch auf 50% des Wertes des Nachlasswertes der Tierschutzvereins.*

5. Wie kann ich vererben

Um der gesetzlichen Erbfolge zu entgehen, wird häufig als Verfügung ein Testament errichtet. Im Allgemeinen wird das Testament wegen seiner jederzeitigen Widerruflichkeit anderen Verfügungen wie z.B. einem Erbvertrag Vorzug gegeben. Das Testament kann entweder als öffentliches Testament vor einem Notar oder als privates Testament durch eine eigenhändig geschriebene und unterschriebene Erklärung errichtet werden.

Beide Testamentsformen stehen gleichberechtigt nebeneinander.

6. Öffentliches Testament

Das öffentliche Testament hat gegenüber dem privaten Testament den Vorteil, dass der Notar bei der Aufnahme des Testaments mit dem Erblasser erörtert, was in seinem Fall bei einem Testament zu berücksichtigen ist.

a. Errichtung des öffentlichen Testaments

Die Errichtung des öffentlichen Testaments kann entweder dadurch erfolgen, das der Erblasser dem Notar den letzten Willen mündlich erklärt. Es besteht aber auch die Möglichkeit, dass der Erblasser seine Verfügungen schon vorher schriftlich verfasst und diese Erklärung dann mit den Worten dem Notar übergibt, dass sie seinen letzten Willen enthalte.

Die Gebühr für die Errichtung eins notariellen Testaments richtet sich nach dem Wert des Vermögens über das verfügt wird:

Die Gebühr beginnt bei 10 € bei einem Vermögenswert von bis zu 1000 . Eine genaue Berechnung folgt nach § 32 der Kostenordnung.

Zusätzlich fällt für die amtliche Verwahrung noch eine Gebühr in gleicher Höhe für das Nachlassgericht an.

TIPP! Schrecken Sie nicht vor den Kosten eines öffentlichen Testaments zurück. Selbständig abgefasste und dadurch häufig unklare private Testamente sind zwar anfangs kostengünstiger, führen aber nicht selten zu Streitigkeiten unter den Erben. Gerichtliche Auseinandersetzungen zwischen den Erben kosten dann ein Vielfaches. Außerdem muss bei einem privaten Testament ein Erbschein beantragt werden, dessen Kosten genauso hoch sind wie die Erstellung eines Testaments durch den Notar.

b. Amtliche Verwahrung der Testamentsurkunde

Das öffentliche Testament wird aus Sicherheitsgründen in amtliche Verwahrung beim Amtsgericht genommen. Damit ist es den Gefahren entzogen, denen ein privates Testament ausgesetzt ist, welches zu Hause aufbewahrt wird. Die Erben und auch der Erblasser haben weder eine Fälschung noch den Verlust der Urkunde zu befürchten.

7. Privates Testament

Das Gesetz hat neben dem öffentlichen Testament die Möglichkeit vorgesehen, auch ohne Inanspruchnahme eines Notars ein Testament zu errichten. Allerdings unterliegt das private Testament sehr strengen Formvorschriften, die nur bei Einhaltung zur Wirksamkeit des Testaments führen. Genaue Kenntnisse der Vorschriften sind daher nötig, damit die vorgesehenen Anordnungen auch wirksam werden.

a. Errichtung eines privaten Testaments

Das private Testament ist nur wirksam, wenn der Erblasser seinen letzten Willen ***mit eigener Hand von Anfang bis zum Ende schreibt und unterschreibt.***

WICHTIG! Diktiert man den Wortlaut des Testaments einem anderen oder verwendet man die Schreibmaschine für den Text oder verfasst man den Text anders als ausschließlich handschriftlich, so ist das gesamte Testament ungültig. Der in dem Testament Bedachte erwirbt keinerlei Rechte aus dem Testament, es tritt vielmehr die gesetzliche Erbfolge ein.

Außerdem sollen der Ort und das Datum im Testament angegeben sein.

TIPP! Auch wenn die Angabe über Ort und Zeit der Errichtung des Testaments nicht zwingend vorgeschrieben ist, so ist es doch zu empfehlen, Ort und insbesondere Zeitangabe mit in das Testament aufzunehmen. Nicht selten verfasst der Erblasser mehrere Testamente mit unterschiedlichen Begünstigten. Damit auch der wirkliche Wille des Erblassers zum Zeitpunkt des Todes berücksichtigt werden kann, ist eine Datumsangabe unbedingt erforderlich.

b. Aufbewahrung des privaten Testaments

Ein Ort für die Aufbewahrung des privaten Testaments ist gesetzlich nicht geregelt. Man kann also das Testament offen in der Wohnung oder auch verschlossen in einem Banksafe hinterlegen. Auch besteht wie bei dem öffentlichen Testament die Möglichkeit, das Testament amtlich zu verwahren. Diese Verwahrung erfolgt beim Amtsgericht. Eine amtliche Verwahrung ist zu empfehlen um sicherzugehen, dass der letzte Wille auch in der verfassten Form Beachtung findet und nicht gegebenenfalls geändert wird.

c. Ablieferungspflicht beim Tod des Erblassers

Wurde das private Testament nicht amtlich verwahrt, so ist die Person, die das Testament des Erblassers im Besitz hat, kraft Gesetzes verpflichtet die Urkunde beim Nachlassgericht abzuliefern. Das Gericht setzt dann einen Termin fest, in dem der Inhalt des Testaments bekannt gegeben wird.

d. Erbschein

Damit der Erbe auch seine Rechte aus dem privaten Testament gegenüber Dritten beweisen kann, muss der Erbe beim Nachlassgericht mit den Unterlagen, auf die er seine Erbberechtigung stützt, einen Erbschein beantragen. Erst nach Erhalt des Erbscheins kann der Erbe über das ihm zustehende Vermögen des Erblassers verfügen.

TIPP! Man sollte also so schnell wie möglich nach dem Tod des Erblassers einen Erbschein beim Nachlassgericht (in der Regel das Amtsgericht) beantragen, um auch etwaige Kosten wie Beerdigung o.ä. nicht aus eigener Tasche zahlen zu müssen. Dafür sind Unterlagen wie die Geburtsurkunde, Heiratsurkunde und der Familienstammbaum notwendig, um die Erbberechtigung beweisen zu können.

WICHTIG! Grundsätzlich muss jeder, der eine letztwillige Verfügung errichten möchte, für sich entscheiden, welches Testament für ihn persönlich das Richtige ist.
Jedoch sollte man seine Entscheidung nicht allein auf die Kosten eines öffentlichen Testaments stützen.
Wie oben bereits erwähnt, sind die Folgen eines privaten Testaments, wie z.B. ein Rechtsstreit zwischen den Erben häufig viel teurer als die Kosten für den Notar und die amtliche Verwahrung.
Außerdem werden die dem Erblasser entstehenden Gebühren durch ein öffentliches Testament später in der Regel dadurch wieder ausgeglichen, dass die Erben nach dem Tod des Erblassers keinen Erbschein benötigen, um ihre Rechte Dritten gegenüber, vor allem gegenüber dem Grundbuchamt bei der Umschreibung von Grundstücken oder gegenüber den Banken bei Verfügungen über das Vermögen des Erblassers, zu beweisen.

8. Gemeinschaftliches Testament

Ein gemeinschaftliches Testament kann wirksam errichtet werden, wenn die gemeinsam testierenden Ehegatten oder eingetragene Lebenspartner sind. Es kann in öffentlicher oder privater Form errichtet werden. Bei einem gemeinschaftlichen Testament in privater Form braucht der Text der beiderseitigen letztwilligen Verfügungen nur von einem der beiden Partner geschriebene zu werden. Der andere Partner muss die Urkunde lediglich mitunterschreiben. In der Regel setzen sich die Partner mittels eines gemeinschaftlichen Testaments gegenseitig zu Alleinerben ein. Häufig wird auch in dem Testament bestimmt, wer nach dem Tod des Letztversterbenden beerbt werden soll.

Das gemeinschaftliche Testament wird insgesamt unwirksam, wenn die Lebenspartnerschaft aufgelöst wird. Eine ausdrückliche Erklärung der dann getrennten Lebenspartner bedarf es nicht. Wird danach keine neue testamentarische Bestimmung getroffen, so tritt die gesetzliche Erbfolge ein.

9. Wer kann ein Testament errichten

Um ein eigenhändiges Testament errichten zu können, muss man volljährig sein, d.h. das 18. Lebensjahr bereits vollendet haben.

Ein Blinder oder fast Blinder kann kein eigenhändiges Testament errichten. Soll wirksam ein Testament errichtet werden, so muss er seinen letzten Willen vor dem Notar mündlich erklären.

10. Was beinhaltet ein Testament

Welche erbrechtlichen Verfügungen der Erblasser letztendlich treffen möchte, bleibt ihm überlassen. Er kann einen Alleinerben oder mehrere Erben nebeneinander bestimmen, oder er kann einen nach dem Gesetz zum Erben Berufenen von der Erbschaft ausschließen. Auch kann der Erblasser bestimmen, dass dieser oder jener einen bestimmten Gegenstand oder Geldbetrag erhalten soll (Vermächtnis).

11. Erbschaftssteuer

Von der nahezu gleichen rechtlichen Behandlung der Ehegatten und Lebenspartner bei der Erbschaft an sich unterscheiden sich jedoch die erbschaftssteuerrechtlichen Vorgaben bei Ehegatten und Lebenspartnern sehr.

Trotz der zivilrechtlichen Gleichstellung muss der Lebenspartner im Erbfalle deutlich höhere Steuern als der Ehegatte zahlen. Er wird anders als der Ehegatte nicht in der Steuerklasse I, sondern in der Steuerklasse III angesiedelt.

Außerdem sind die Steuersätze je nach Umfang des Nachlasses zwischen 10 und 16 Prozentpunkte höher als beim Ehegatten. So liegt der Steuersatz für Lebenspartner bei einem Vermögen bis zu 52.000,00 € bei 17 % (statt wie beim Ehegatten bei 7 %). Bei einem Vermögen bis zu 256.000 € liegt der Steuersatz für den Lebenspartner bei 23 % (beim Ehegatten dagegen nur bei 11 %). Bei einem Vermögen bis zu 512.000 € muss der Lebenspartner 29 % Erbschaftssteuer zahlen (der Ehegatte nur 15 %). Beträgt das Vermögen bis zu 5.113.000 € beläuft sich die Erbschaftssteuer sogar auf 35 %, während sie bei Ehegatten lediglich 19 % beträgt.

Schematisch lassen sich die Steuerklassen wie folgt darzustellen:

	Steuerklassen I	der II	Erwerber III
	Ehegatte, Kinder, Stiefkinder und deren Abkömmlinge, Eltern und Voreltern bei Erwerb von Todes wegen	Eltern und Voreltern bei Schenkung, Geschwister, Geschwisterkinder, Stiefeltern, Schwiegereltern, Schwiegerkinder, der geschiedene Ehegatte	alle übrigen Erwerber, hier sind auch die Lebenspartner einzuordnen
Wert des steuerpflichtigen Erwerbs bis einschließlich	Steuersatz v. H. (%)		
52 000 €	7	12	17
256 000 €	11	17	23
512 000 €	15	22	29
5 113 000 €	19	27	35

Auch hat der Lebenspartner statt eines persönlichen Freibetrages von 307.000,00 € (früher 600.000,00 DM) wie ihn der Ehegatte erhält, lediglich einen Freibetrag von 5.200,00 € (früher 10.000,00 DM). Des Weiteren wird dem verbleibenden Ehegatten zusätzlich zu dem persönlichen Freibetrag ein besonderer Versorgungsfreibetrag von 256.000 € gewährt. Der verbleibende Lebenspartner erhält einen solchen Versorgungsfreibetrag nicht.

Schematisch lassen sich die Freibeträge wie folgt darstellen:

Erwerber	Allgemeine Freibeträge	Besondere Versorgungs-freibeträge	Freibeträge für besondere Vermögensgegenstände
Ehegatte	307 000 €	256 000 €	Hausrat einschließlich Wäsche und Kleidungsstücke, soweit der Wert insgesamt 41 000 € nicht übersteigt. Andere bewegliche körperliche Gegenstände, soweit der Wert insgesamt 10 300 € nicht übersteigt.
Lebenspartner	5 200 €		Hausrat einschließlich Wäsche und Kleidungsstücke und andere bewegliche körperliche Gegenstände, soweit der Wert 10 300 € nicht übersteigt.

Eine Änderung der steuerlichen Ungleichbehandlung der Lebenspartner ist erst mit der Verabschiedung des Lebenspartnerschaftsergänzungsgesetzes zu erwarten, das derzeit im Vermittlungsausschuss behandelt wird und insofern noch länger auf sich warten lassen dürfte.

Inwieweit auch ausländisches Vermögen in Deutschland zu versteuern ist, richtet sich nach Wohnsitz des Erblasers und des Erben.
Schematisch lässt sich die räumliche Anknüpfung der Steuerpflicht folgendermaßen darstellen:

Wohnsitz oder gewöhnlicher Aufenthalt		Lage des Vermögens	In Deutschland steuerpflichtig
des Erblassers bzw. Schenkers	des Erwerbers		
Deutschland	Deutschland oder Ausland	Deutschland oder Ausland	gesamter Vermögensanfall
Ausland	Deutschland	Deutschland oder Ausland	gesamter Vermögensanfall
Ausland	Ausland	Deutschland	Inlandsvermögen i. S. des § 121 BewG
Ausland	Ausland	Ausland	keine Besteuerung

12. Auslandsbezug

Generell ist beim Erbrecht das Recht des Staates maßgeblich, dem der Verstorbene im Zeitpunkt seines Todes angehört[64]. Sehr häufig verweist dabei das internationale Erbrecht des Heimatstaates auf das Recht des Staates, in dem der Verstorbene seinen gewöhnlichen Aufenthaltsort hatte. Die Beerbung richtet sich demnach grundsätzlich nur dann nach deutschem Recht, wenn der Verstorbene Deutscher war oder er seinen gewöhnlichen Aufenthaltsort in Deutschland hatte und sein Heimatrecht auf dieses Recht verweist.

Wird durch das Heimatrecht des Verstorbenen für den überlebenden Partner kein Erbrecht begründet, weil in dem Staat kein der Lebenspartnerschaft entsprechendes Rechtsinstitut existiert oder für eine Partnerschaft

64 Art. 25 EGBGB i. V. m. Art. 17 b Satz 2, 1. Halbsatz EGBGB.
65 Art. 17 b Abs. 1 Satz 2, 2. Halbsatz EGBGB.

kein gesetzliches Erbrecht besteht, so kommt das Recht des Staates zur Anwendung, in dem die Lebenspartnerschaft begründet wurde[65].

VI. Mietrechtliche Wirkungen der Lebenspartnerschaft

1. Allgemein

Der Mieter kann seinen Lebenspartner mit in die Wohnung aufnehmen. Die Aufnahme des Lebenspartners in die Mietwohnung stellt einen vertragsgemäßen Gebrauch der Mietsache dar und es muss keine Erlaubnis des Vermieters eingeholt werden. Erforderlich ist nur, dass dem Vermieter der Einzug des Lebenspartners mitgeteilt wird.

Von praktischer Bedeutung ist auch das Recht des Lebenspartners, das Mietverhältnis des verstorbenen Lebenspartners zu übernehmen, wenn er mit ihm einen gemeinsamen Haushalt geführt hat[66]. Insoweit ist der Lebenspartner dem Ehegatten gleichgestellt. Auch die Kinder des Lebenspartners können mit in den Mietvertrag übernommen werden, sofern auch sie mit dem Verstorbenen in einem gemeinsamen Haushalt gelebt haben.

Der Vermieter muss den Eintritt des Lebenspartners in den Mietvertrag nicht genehmigen, dieser vollzieht sich kraft Gesetzes. Das heißt, dass der Lebenspartner im Zeitpunkt des Todes des Mieters automatisch in das Mietverhältnis eintritt.

Da es zu keinem neuen Vertragsabschluß kommt, darf der Vermieter bei Eintritt in den Mietvertrag auch nicht die Miete anheben.

Möchte der Lebenspartner jedoch nicht in das Mietverhältnis eintreten, so muss er dies dem Vermieter innerhalb eines Monats mitteilen[67].

---

66 § 563 Abs. 1 BGB.

67 § 563 Abs. 3 BGB.

Der Vermieter kann das Mietverhältnis mit dem eintretenden Lebenspartner innerhalb der gesetzlichen Frist kündigen, wenn ein wichtiger Grund, wie z.B. Zahlungsunfähigkeit des Lebenspartners, vorliegt.

2. Rechte und Pflichten aus dem Mietverhältnis

a. Pflichten des Vermieters

Aus dem Mietverhältnis wird der Vermieter verpflichtet, dem Mieter die Wohnung in dem Zustand zu überlassen, wie er vertraglich festgelegt ist. Die Überlassung der Wohnung erfolgt regelmäßig durch die Übergabe der Schlüssel. Aber der Vermieter muss den Mieter auch vor übermäßigen Störungen schützen, die dazu führen, dass der Mieter die Wohnung nicht wie verabredet nutzen kann. So muss der Vermieter z. B. bei zu starker Lärmbelästigung durch die Nachbarn wieder Ruhe in die Hausgemeinschaft bringen.

Folgt der Vermieter nicht seiner Pflicht zur vertragsgemäßen Gebrauchsüberlassung, so kann der Mieter den Mietzins mindern. Um wie viel Prozent der Mietzins gekürzt werden kann, hängt von der jeweiligen Situation ab. Daher sollte man sich unbedingt bei einem Anwalt im Voraus informieren.

Auch kann der Mieter Schadensersatz vom Vermieter verlangen, sofern durch die nichtvertragsgemäße Überlassung ein Schaden entstanden ist.

Schließlich ist der Vermieter zur Instandhaltung und gegebenenfalls zur Instandsetzung der Wohnung gesetzlich verpflichtet. Der Vermieter muss also den bestehenden ordnungsgemäßen Zustand der Wohnung aufrechterhalten oder, falls dieser nicht vorliegt oder nicht mehr vorliegt, diesen ordnungsgemäß dem Mietvertrag entsprechenden Zustand wiederherstellen.

Beispiel: Sind noch völlig veraltete Fenster in der Wohnung vorhanden, die die Wärme nicht halten und nicht vor der Kälte schützen, so ist der Vermieter zur Instandsetzung der Fenster verpflichtet. Gasheizungen müssen auch vom Vermieter instand gehalten werden.

b. Pflichten des Mieters

Aus dem Mietverhältnis wird der Mieter verpflichtet, den abgesprochenen Mietzins zu zahlen.

Grundsätzlich ergibt sich aus dem Gesetz zwar die Pflicht des Vermieters Schönheitsreparaturen durchzuführen. Allerdings wird diese Pflicht in der Regel durch den Mietvertrag dem Mieter auferlegt. Dieses ist in der Regel auch wirksam.

Zu den Schönheitsreparaturen gehören nur das Anstreichen, Kalken und Tapezieren der Wände und Decken, das Streichen der Fußböden, der Heizkörper einschließlich der Heizungsrohre, der Innentüren sowie der Fenster und Außentüren von innen.

Auch muss der Mieter Erhaltungs- und Modernisierungsmaßnahmen des Vermieters dulden.

Unter Erhaltungsmaßnahmen sind sowohl Maßnahmen zur Schadensbeseitigung als auch zur Sicherung vor drohenden Schäden zu verstehen. Der Mieter ist zur Duldung verpflichtet, da der Vermieter aufgrund des Mietvertrags zur Instandhaltung bzw. Instandsetzung verpflichtet ist und ihm die Möglichkeit zur Durchführung geschaffen werden soll. Allerdings müssen die Maßnahmen rechtzeitig angekündigt werden und auch erforderlich sein, da ansonsten die Duldungspflicht des Mieters entfällt.

Unter Modernisierungsmaßnahmen sind Maßnahmen zur Verbesserung der Mietsache zu verstehen, also bauliche Veränderungen an der Mietsache, die den Gebrauchs- und Substanzwert des Gebäudes erhöhen und eine bessere Nutzung ermöglichen. Auch hier steht dem Mieter eine rechtzeitige Mitteilung über Zeit- und Bauumfang des Vorhabens zu.

3. Änderung des Mietzinses

Grundsätzlich ist eine Änderung des Mietzinses zulässig, sofern eine Änderung der Sachlage zur Zeit der Mietzinsbestimmung eingetreten ist. Eine Änderung der Sachlage ist häufig der Fall, wenn der Vertrag bereits mehrere Jahre besteht und vertraglich keine Anpassung des Mietzinses vereinbart ist.

In der Regel wird auf eine ortsübliche Vergleichsmiete durch den Vermieter verwiesen, die eine Erhöhung des Mietzinses rechtfertigen soll. Um die Rechtmäßigkeit dieser Mietzinsanpassung zu klären sollte man sich entweder über den aktuellen Mietspiegel der Stadt informieren oder einen Rechtsanwalt konsultieren.

Voraussetzung für eine Mieterhöhung ist jedoch, dass innerhalb des vorangegangenen Jahres keine Mieterhöhung erfolgt ist. Des Weiteren darf die Mieterhöhung nicht höher als die ortsübliche Vergleichsmiete sein, aber auch eine Erhöhung um 20% des Mietzinses nicht übersteigen.

Sind vertraglich besondere Regelungen bezüglich des Mietzinses enthalten, so ist häufig eine Beratung beim Rechtsanwalt hilfreich um nicht zuviel zahlen zu müssen.

TIPP! Nehmen Sie lieber die verhältnismäßig geringen Kosten einer Beratung durch einen Rechtsanwalt in Kauf, als einer völlig überhöhten Mietzinserhöhung zuzustimmen, die auf lange Sicht ein Vielfaches der Beratungskosten mit sich bringt.

4. Kündigung

Grundsätzlich kann der Mieter das Mietverhältnis ohne Grund kündigen.

Die gewöhnliche Kündigungsfrist beträgt für den Mieter 3 Monate. Sie ist spätestens am 3. Werktag eines Kalendermonats zum Ablauf des übernächsten Monats zulässig.

Der Vermieter dagegen kann das Mietverhältnis nur kündigen, sofern er ein berechtigtes Interesse an der Kündigung hat. Dies liegt z.B. vor, wenn der Mieter seine vertraglichen Pflichten schuldhaft und nicht nur geringfügig verletzt hat. Auch kann der Vermieter wegen Eigenbedarfs der Wohnung kündigen. Eine Kündigung zum Zwecke der Mieterhöhung ist jedoch ausgeschlossen.

Für den Vermieter gelten längere Kündigungsfristen je länger der Mieter die Wohnung bewohnt. Die dreimonatige Kündigungsfrist gilt bei einer Mietzeit von bis zu 5 Jahren. Bei einer Mietzeit von 5 bis 8 Jahren beträgt die Kündigungsfrist 6 Monate, bei einer Mietzeit ab 8 Jahren beträgt die Kündigungsfrist 9 Monate.

Neben der ordentlichen Kündigung besteht noch ein außerordentliches Kündigungsrecht. Bei der außerordentlichen fristlosen Kündigung muss keine Kündigungsfrist eingehalten werden. Sie beendet das Mietverhältnis mit dem Zugang der Kündigungserklärung.

Die fristlose Kündigung des Mieters kommt insbesondere bei Nichtgewährung oder Entziehung des vertragsgemäßen Gebrauchs der Wohnung, bei erheblicher Gefährdung der Gesundheit des Mieters oder bei nachhaltiger Störung des Hausfriedens in Betracht.

Die fristlose Kündigung des Vermieters kommt bei vertragswidrigem Gebrauch der Wohnung, bei Störung des Hausfriedens und bei Zahlungsverzug des Mieters in Betracht.

TIPP! Wird Ihnen eine fristlose Kündigung zugesandt oder möchten Sie selbst die Wohnung fristlos kündigen, so ist eine eingehende Rechtsberatung dringend zu empfehlen.

5. Auslandsbezug

Die Nutzungsbefugnis für eine in Deutschland gelegene Partnerschaftswohnung und dessen Haushalt richten sich nach den deutschen Sachvorschriften[68], unabhängig davon, ob die Partnerschaft in Deutschland registriert ist.

---

[68] Art. 17 a EGBGB i. V. m. Art. 17 b EGBGB.

F. Fazit

Wie sich aus den vorstehenden Ausführungen ersehen lässt, ist mit dem LPartG ein elementarer Schritt zum Abbau von Diskriminierungen homosexueller Partnerschaften gelungen. Allerdings bleibt zu hoffen und zu fordern, dass dieser Weg in der Zukunft konsequent weiter beschritten wird. Nur so ist es möglich, durch weitere Maßnahmen immer noch bestehende Diskriminierungen in der Zukunft gänzlich abzuschaffen. Ziel muss es sein, Paaren, die aufgrund ihrer inneren Verbundenheit persönliche und rechtliche Verantwortung für einander übernehmen, neben den daraus resultierenden Pflichten auch gleiche Rechte zu gewähren. Dabei darf es keine Rolle spielen, ob diese Verantwortungsgemeinschaft aus einem Mann und einer Frau oder aus zwei Frauen bzw. zwei Männern besteht.

G. Anhang 1

I. Kosten

1. beim Standesamt

Beispiel Bremen (§ 6 BremLPartVerfG),
Stand 2003

Mitwirkung an der Begründung einer Lebenspartnerschaft ▪ wenn nur deutsches Recht zu beachten ist ▪ wenn auch ausländisches Recht zu beachten ist	 75 € 100 €
Aufnahme einer Versicherung an Eides Statt	17 €
Erteilung einer Urkunde über Mitwirkung an der Begründung einer Lebenspartnerschaft	7 €
Entgegennahme einer namensrechtlichen Erklärung, soweit sie nicht bei der Begründung der Lebenspartnerschaft abgegeben wird	31 €
öffentliche Beglaubigung einer namensrechtlichen Erklärung, soweit sie nicht bei der Begründung der Lebenspartnerschaft abgegeben wird	7€

Beispiel Schleswig-Holstein:
Stand 2003

Mitwirkung an der Begründung einer Lebenspartnerschaft ▪ wenn nur deutsches Recht zu beachten ist ▪ wenn auch ausländisches Recht zu beachten ist	 33 € 55 €

2. beim Notar

Beispiel Bayern, Art. 5 AGLPartG Bayern,
Stand Januar 2002

Mitwirkung an der Begründung einer Lebenspartnerschaft einschließlich der Mitteilungen	100 €
Entgegennahme einschließlich öffentlicher Beglaubigung einer namensrechtlichen Erklärung, soweit sie nicht bei der Begründung der Lebenspartnerschaft abgegeben wird	50 €

II. Welche Formulare braucht man für die Eintragung

Um die eingetragene Lebenspartnerschaft anzumelden, müssen beide Partner oder Partnerinnen Nachweise zu ihrer Identität, ihrem Aufenthalt, dem Familienstand und ihrer Abstammung vorlegen. Zusätzlich haben sich beide zu ihrem Vermögensstand zu erklären.

Die zuständige Behörde für die Begründung der Lebenspartnerschaft variiert innerhalb der Länder.

1. Ledige Lebenspartner:

Wer bisher nicht verheiratet war oder nicht in einer Lebenspartnerschaft gelebt hat, benötigt:

- den **gültigen Personalausweis oder Reisepass**
- wenn der Hauptwohnsitz ein anderer ist als die zuständige Behörde, an die Sie sich wenden, eine **Aufenthaltsbescheinigung** der zuständigen Meldebehörde zur Vorlage bei der Behörde. Die Bescheinigung soll **nicht älter als einen Monat** sein.
- **eine beglaubigte Abschrift oder Auszug aus dem Familienbuch der Eltern**, das beim Standesamt des Wohnsitzes der Eltern geführt wird.
- Sofern die Eltern **vor 1958 in den alten Bundesländern** oder **vor dem 3.10.1990 in den neuen Bundesländern** geheiratet haben, ist eine aktuelle **Abstammungsurkunde** vorzulegen. Diese wird ausgestellt beim Standesamt des Geburtsortes. Ist dies Münster, kann darauf verzichtet werden, denn das Geburtsregister wird hier geführt.

Die Urkunden sollen nicht älter als ein Jahr sein.

TIPP! Das Familienbuch ist nicht das im Familienbesitz befindliche Stammbuch, sondern ein beim Standesamt geführtes Personenstandsregister. In der Regel wird das Familienbuch beim Wohnsitzstandesamt der Eltern geführt.

2. Geschiedene, Verwitwete oder schon einmal verpartnerte Lebenspartner:

Wer geschieden oder verwitwet ist oder schon in einer Lebenspartnerschaft gelebt hat, benötigt folgende Papiere:

- den **gültigen Personalausweis oder Reisepass**
- wenn der Hauptwohnsitz **ein anderer ist als die Behörde an die Sie sich wenden**, eine **Aufenthaltsbescheinigung** der zuständigen Meldebehörde zur Vorlage beim Standesamt. Die Bescheinigung soll **nicht älter als einen Monat** sein.
- Erklärende, die verheiratet waren, haben alle früheren Ehen und die Art der Auflösung anzugeben. Die **Auflösung der letzten Ehe muss nachgewiesen werden**. Ist die letzte Ehe nicht vor einer deutschen Standesbeamtin oder einem deutschen Standesbeamten geschlossen worden, so ist auch die Auflösung etwaiger weiterer Vorehen nachzuweisen, wenn eine entsprechende Prüfung nicht bereits anlässlich einer früheren Eheschließung im Inland durchgeführt worden ist. **Dies gilt auch im Falle der Auflösung früherer Lebenspartnerschaften.**
- Eine **aktuelle Abstammungsurkunde** vom Standesamt des Geburtsortes

3. Lebenspartner mit ausländischer Staatsangehörigkeit:

Partner oder Partnerinnen mit ausländischer Staatsangehörigkeit

Erklärende mit ausländischer Staatsangehörigkeit haben diese durch ein amtliches Ausweispapier mit Angabe der Staatsangehörigkeit (in der Regel reicht hier der Reisepass) oder durch eine Bescheinigung der zuständigen Behörde ihres Heimatstaates nachzuweisen. Auch der Familienstand von Erklärenden mit ausländischer Staatsangehörigkeit ist durch eine geeignete Bescheinigung der zuständigen Stelle des Heimatstaates nachzuweisen. Die Bescheinigungen sollen nicht älter als 6 Monate sein.

Erklärung zum Vermögensstand

Zusätzlich muss bei der Anmeldung zur Begründung der Lebenspartnerschaft erklärt werden, welcher Vermögensstand für die Lebenspartnerschaft vorgesehen ist.

Für die Ausgleichsgemeinschaft reicht eine einfache Erklärung vor dem zuständigen Beamten. Möchten die Lebenspartner eine andere Regelung zum Vermögensstand treffen, ist ein entsprechender Vertrag vor einem Notar zu schließen. Bei der zuständigen Behörde ist dann dieser Vertrag zum Vermögensstand vorzulegen.

TIPP! Bei Unklarheiten wenden Sie sich am besten an die zuständige Behörde, um etwaige Fragen bezüglich der Formalitäten unmittelbar zu klären.

III. Musterformulierungen für einen Lebenspartnerschaftsvertrag

1. Vermögensfragen:

a) Modifizierte Ausgleichsgemeinschaft:

Für den Fall, dass unser Vermögensstand auf andere Weise als durch den Tod eines von uns beendet wird, also durch Aufhebung der Lebenspartnerschaft, schließen wir den Ausgleich des Überschusses vollständig aus.

Wir wurden darüber belehrt, dass durch diese Vereinbarung ein Ausgleich des Überschusses bei Beendigung der Lebenspartnerschaft durch Aufhebung nicht stattfindet. Wir wurden auch auf Folgendes hingewiesen: Wendet ein Lebenspartner dem anderen während der Lebenspartnerschaft etwas zu, so muss er sich die Rückforderung für den Fall der Aufhebung ausdrücklich vorbehalten, es sei denn, die Rückforderung ist von ihm nicht gewollt.

Im Übrigen bleibt es beim Vermögensstand der Ausgleichsgemeinschaft, insbesondere beim Überschussausgleich im Todesfall.

Diese Form der modifizierten Ausgleichsgemeinschaft bietet den großen Vorteil, dass die Lebenspartner bei Trennung und Aufhebung der Lebenspartnerschaft nicht fürchten müssen, sich wechselseitig bestimmten Ausgleichsansprüchen ausgesetzt zu sehen. Gleichzeitig werden sie – anders als bei Vereinbarung der Vermögenstrennung - im Todesfall des einen Partners hinsichtlich ihres Erbteils nicht benachteiligt. Diese Regelung erscheint vor allem dann interessensgerecht, wenn beide Partner bis zum Tode des einen Partners zusammengelebt haben und keiner der beiden Partner Kinder oder sonstige Erben hat, die er vor dem Lebenspartner erbrechtlich besonders bedenken möchte. Insbesondere werden auf diese Weise Ansprüche möglicher Pflichtteilsberechtigte reduziert und der Lebenspartner besonders geschützt.

Achtung! Eine solche Regelung muss zu ihrer Wirksamkeit notariell beurkundet werden.

b) Freie Verfügungsbefugnis

Das Lebenspartnerschaftsgesetz sieht vor, dass selbst bei vollständiger Vermögenstrennung kein Lebenspartner im Regelfall über sein ganzes Vermögen verfügen können soll, ohne dass der andere zustimmt. Dies gilt auch für einzelne Vermögensteile, wenn sie den hauptsächlichen Bestandteil des Vermögens darstellen. Hat also z.B. einer der Lebenspartner bis auf ein Haus kein weiteres nennenswertes Vermögen, darf er dieses Haus nicht verkaufen, wenn sein Lebenspartner nicht zustimmt[69]. Gleiches gilt im Übrigen auch für Hausratsgegenstände eines gemeinsamen Haushalts, auch wenn sie einem Lebenspartner allein gehören.

Ist eine solche Einschränkung in der Vermögensbefugnis zwischen den Lebenspartnern nicht gewollt, muss sie vertraglich abgeändert werden.

Eine solche Regelung könnte wie folgt formuliert werden:

---

69 § 8 II LPartG

Abweichend von § 8 Abs. 2 LPartG i.V. mit § 1365 BGB ist jeder von uns berechtigt, ohne Zustimmung des anderen Lebenspartners über sein Vermögen im ganzen und auch über die ihm gehörenden Gegenstände des partnerschaftlichen Haushalts frei zu verfügen.

Achtung! Eine solche Regelung muss zu ihrer Wirksamkeit ebenfalls notariell beurkundet werden.

c) Benutzung einer dem anderen Lebenspartner gehörenden Immobilie:

Wohnt der eine Lebenspartner mit dem anderen zusammen in dessen Eigentumswohnung oder Einfamilienhaus, kann es sich empfehlen, hinsichtlich der Wohnung bzw. des Hauses eine Nutzungsvereinbarung zu treffen. Dabei sollte auch geregelt werden, wie sich jeder der Partner an den Kosten der Immobilie zu beteiligen hat.

Außerdem sollte eine solche Vereinbarung eine Regelung für den Trennungsfall enthalten und außerdem Vorkehrungen treffen, damit nicht einer der Lebenspartner einen neuen Partner in die Wohnung mit aufnehmen darf.

Eine solche Vereinbarung könnte beispielsweise lauten:

A gestattet B während des Bestehens ihrer Lebenspartnerschaft die gleichberechtigte Mitbenutzung des näher bezeichneten Einfamilienhauses. Ein Mietverhältnis wird hierdurch aber nicht begründet. Während der Dauer der gemeinschaftlichen Nutzung hat sich B an sämtlichen auf diesem Grundbesitz ruhenden privaten und öffentlichen Lasten, insbesondere auch den Zins- und Tilgungsleistungen für das der im Grundbuch eingetragenen Grundschuld zugrunde liegende Darlehen, das zur Finanzierung von Umbaumaßnahmen verwendet wurde, zur Hälfte zu beteiligen. Dies gilt auch für die außerordentlichen öffentlichen Lasten und außergewöhnlichen Ausbesserungen und Erneuerungen sowie sämtliche durch die Nutzung anfallenden Wohnnebenkosten wie Heizung, Strom,

Wasser, Müllabfuhr, Schornsteinfeger, Telefongebühren etc. Die Kostentragungspflicht erlischt ab der Trennung.

Um B im Falle einer Trennung eine angemessene Schonfrist zur Wohnungssuche zu ermöglichen, ist dieser nach der Trennung vom anderen Lebenspartner für (z.B.:) drei Monate berechtigt, sein bisheriges Arbeitszimmer im ersten Stock allein und ausschließlich zu Wohnzwecken zu nutzen sowie Küche, Bad und WC mit zu benutzen. Die von ihm in das Haus eingebrachten Gegenstände dürfen während dieser Zeit unentgeltlich im Anwesen belassen werden. Während der Dauer der Nutzung hat B lediglich folgendes zu zahlen...; im Übrigen erfolgt die Nutzung unentgeltlich.

Zur - auch nur vorübergehenden - Aufnahme dritter Personen in die gemeinschaftlich genutzte Wohnung ist unabhängig von den besitz- und eigentumsrechtlichen Verhältnissen an ihr die Zustimmung beider Partner erforderlich. Die Zustimmung darf nur aus wichtigem Grund versagt und widerrufen werden.

d) Gemeinsamer Hausbau

Haben beide Lebenspartner ein Haus gemeinsam gebaut, empfiehlt es sich ebenfalls eine Regelung zu treffen, wie im Falle der Trennung verfahren werden soll. Dies ist insbesondere dann ratsam, wenn das Grundstück dem einen der Partner allein gehört. Eine entsprechende Regelung könnte beispielsweise wie folgt gefasst werden:

Wir haben das (näher zu bezeichnende) Grundstück, das A (z.B.) in unbebautem Zustand von seinen Eltern gegen Abgabe eines Pflichtteilsverzichtes erhalten hat, mit einem Einfamilienhaus durch Einsatz von Eigenmitteln und Eigenleistungen bebaut. Ferner haben wir bei der Bank X ein Darlehen in Höhe von (z.B.) € 100 000,-- aufgenommen, für das wir gesamtschuldnerisch haften und zu dessen Sicherung die (näher zu bezeichnende) Grundschuld im Grundbuch eingetragen ist. Für den Fall des Scheiterns der zwischen uns bestehenden Lebensgemeinschaft wird folgende Ausgleichsregelung vereinbart:

(1) A hat an B einen Geldbetrag in Höhe der Hälfte des zum Zeitpunkt der Trennung gegebenen Verkehrswertes des von uns beiden errichteten Gebäudes, also ohne Grund und Boden, und abzüglich der noch bestehenden Verbindlichkeiten aus dem vorstehend näher bezeichneten Darlehen zu bezahlen. Ferner hat A eine Schuldhaftentlassungserklärung zugunsten von B hinsichtlich des Restdarlehens beizubringen. Sollten wir uns innerhalb von drei Jahren, gerechnet ab heute, trennen, sind mindestens die von B für die Errichtung zur Verfügung gestellten Eigenmittel in Höhe von (z.B.) als Ausgleichszahlung geschuldet.

(2) Die geschuldete Ausgleichsforderung ist innerhalb eines Monats nach dem vollständigen Auszug von B aus dem gemeinsam genutzten Wohnhaus zur Zahlung fällig und nur bei Verzug zu verzinsen. Zum selben Zeitpunkt ist auch die Erklärung der Schuldhaftentlassung vorzulegen. Eine Sicherung der vorstehenden Zahlungs- und Freistellungsverpflichtungen soll weder jetzt noch nach der Trennung erfolgen.

(3) Sollten zwischen uns Meinungsverschiedenheiten über die Höhe des Ausgleichsbetrags bestehen, ist dieser durch den Gutachterausschuss beim örtlich zuständigen Landratsamt oder einen von diesem zu bestimmenden Sachverständigen auf Antrag eines Teils als Schiedsgutachter nach sachverständigem Ermessen festzustellen. Die Kosten hierfür tragen wir je zur Hälfte.

(4) Wir werden bestrebt sein, unser jeweiliges Vermögen getrennt zu halten und den gemeinsamen Erwerb von Gegenständen zu Miteigentum zu vermeiden. Jeder von uns ist verpflichtet, auf Verlangen des Partners bei der Aufstellung und Ergänzung eines Vermögensverzeichnisses mitzuwirken, in dem die Vermögensgegenstände dem

jeweils Berechtigten eigentumsmäßig zugeordnet werden. Werden von einem Vertragsteil Hausratsgegenstände einschließlich der für sie angeschafften Surrogate in den gemeinsamen Haushalt eingebracht, so geschieht dies nur zur Nutzung. Nach der Trennung ist der Eigentümer der Gegenstände berechtigt, diese wieder an sich zu nehmen.

(5) Macht ein Partner während des Bestehens unserer Lebensgemeinschaft für den anderen Aufwendungen oder erbringt er Dienstleistungen, die er ersetzt haben will, so muss er verlangen, dass hierüber eine schriftliche Vereinbarung getroffen wird. Zuwendungen zwischen uns dienen, soweit nicht bei der Zuwendung ausdrücklich etwas Entgegenstehendes vereinbart wird, der Verwirklichung der Lebenspartnerschaft und sind bei ihrer Auflösung nicht zu erstatten. Auch echte Schenkungen sind im Falle der Trennung nicht zurückzuerstatten, sofern nicht ein Rückforderungsrecht vereinbart wurde oder ein gesetzlicher Widerrufsgrund vorliegt. Auch eine Entschädigung für die Überlassung von Gegenständen zur Nutzung im gemeinsamen Haushalt wird nicht geschuldet.

Achtung! Eine solche Regelung sollte ebenfalls notariell beurkundet werden.

2. Unterhaltsfragen:

a) Trennungsunterhalt

Wollen die Lebenspartner den Unterhaltsanspruch wechselseitig auch bereits für die Zeit der Trennung ausschließen, stellt sich das Problem, dass auf künftigen Trennungsunterhalt grundsätzlich nicht verzichtet werden kann[70].

---

[70] § 12 LPartG i.V.m. §§ 1361 IV, 1360a III, 1614 BGB

Insofern wird auch für die Lebenspartnerschaft gelten, dass der eigentlich geschuldete Unterhalt in einer Vereinbarung nicht um ein Drittel unterschritten werden darf, da die Regelung sonst Gefahr läuft, unwirksam zu sein[71].

Dem steht auch § 7 I S. 1 LPartG nicht entgegen, da der Trennungsunterhalt zwar in einem Lebenspartnerschaftsvertrag geregelt werden kann, § 7 I S. 1 LPartG aber keine Ausnahme von der Verweisung auf § 1614 vorsieht.

In der neueren Rechtsprechung ist allerdings die Tendenz festzustellen, dass den Ehegatten bei der Ausgestaltung des Trennungsunterhaltes ein zunehmender Spielraum zugestanden wird[72].

Ein Verzicht auf die Geltendmachung von Trennungsunterhalt könnte beispielsweise lauten:

Uns ist bekannt, dass im Falle einer Trennung für die Dauer des Getrenntlebens jegliche Unterhaltsvereinbarung, die gegen das gesetzliche Verbot des ganzen oder teilweisen Verzichts auf Unterhalt für die Zukunft bis zur Auflösung der Lebenspartnerschaft (§ 12 LPartG i.V.m. §§ 1361 IV, 1360a III, 1614 BGB) verstoßen würde, zur Nichtigkeit einer Unterhaltsregelung führen würde. Wir sind uns bewusst, das sich im Falle des Getrenntlebens die beiderseitigen Unterhaltspflichten nach der gesetzlichen Regelung (§ 12 LPartG) richten.

In Kenntnis dieser gesetzlichen Regelung und in Kenntnis unser beiderseitigen Einkommens- und Vermögensverhältnisse verpflichten wir uns, auch im Hinblick auf die in diesem Vertrag vorgenommenen Regelungen keine wechselseitigen Ansprüche auf Zahlung eines laufenden Unterhalts zu stellen oder gerichtlich geltend zu machen.

---

71 Büttner, FamRZ 2001, S. 1105 ff (1108)

72 OLG Köln FamRZ 2000, S. 609; OLG Hamm NJW-FER 2000, 227; OLG Düsseldorf, MDR 2000, 1252.

b) Nachpartnerschaftlicher Unterhalt

Ein Verzicht auf nachpartnerschaftlichen Unterhalt ist in der Regel ohne größere Unwirksamkeitsrisiken möglich.

Eine Ausnahme wird man nur dann annehmen müssen, wenn bereits bei Vereinbarung des Unterhaltsverzichts sicher oder zumindest sehr wahrscheinlich ist, dass einer der Lebenspartner durch den Unterhaltsverzicht zum Sozialhilfeempfänger würde, weil er keine eigenen Einkünfte hat. In einem solchen Fall kann der Verzicht unwirksam sein, weil die Rechtsordnung davon ausgeht, dass der andere Lebenspartner vor der Allgemeinheit den Unterhalt sicherstellen soll.

Ein nachpartnerschaftlicher Unterhaltsverzicht könnte dabei folgendermaßen formuliert sein:

Im Falle einer Scheidung verzichten beide Eheleute wechselseitig auf nachehelichen Unterhalt. Beide Eheleute nehmen den Verzicht des jeweils anderen an.
Dies gilt auch für den Fall veränderter Umstände, für den Fall der Not und im Falle von Gesetzesänderungen sowie für den Fall des § 1586 a BGB.
Hierzu erklären wir ergänzend: Nach unseren derzeitigen Einkommens- und Vermögensverhältnissen kann jeder von uns voraussichtlich für seinen nachehelichen Unterhalt selbst aufkommen. Insbesondere bestehen keine konkreten Anhaltspunkte dafür, dass einer von uns wegen des vorstehenden Unterhaltsverzichts einmal auf Sozialhilfe angewiesen sein könnte. Eine künftige Veränderung in den Verhältnissen der Vertragsschließenden, gleich welcher Art diese sein sollte, hat keinerlei Einfluss auf den vereinbarten gegenseitigen Unterhaltsverzicht.

H. Anhang 2: Auszug aus dem Lebenspartnerschaftsgesetz

Artikel 1: Das Lebenspartnerschaftsgesetz

Abschnitt 1
Begründung der Lebenspartnerschaft

§ 1

Form und Voraussetzungen

(1) Zwei Personen gleichen Geschlechts begründen eine Lebenspartnerschaft, wenn sie gegenseitig persönlich und bei gleichzeitiger Anwesenheit erklären, miteinander eine Partnerschaft auf Lebenszeit führen zu wollen (Lebenspartnerinnen oder Lebenspartner). Die Erklärungen können nicht unter einer Bedingung oder Zeitbestimmung abgegeben werden. Die Erklärungen werden wirksam, wenn sie vor der zuständigen Behörde erfolgen. Weitere Voraussetzung für die Begründung der Lebenspartnerschaft ist, dass die Lebenspartner eine Erklärung über ihren Vermögensstand (§ 6 Abs. 1) abgegeben haben.

(2) Eine Lebenspartnerschaft kann nicht wirksam begründet werden
1. mit einer Person, die minderjährig oder verheiratet ist oder bereits mit einer anderen Person eine Lebenspartnerschaft führt;
2. zwischen Personen, die in gerader Linie miteinander verwandt sind;
3. zwischen vollbürtigen und halbbürtigen Geschwistern;
4. wenn die Lebenspartner bei der Begründung der Lebenspartnerschaft darüber einig sind, keine Verpflichtungen gemäß § 2 begründen zu wollen.

Abschnitt 2

Wirkungen der Lebenspartnerschaft

§ 2

Partnerschaftliche Lebensgemeinschaft

Die Lebenspartner sind einander zu Fürsorge und Unterstützung sowie zur gemeinsamen Lebensgestaltung verpflichtet. Sie tragen füreinander Verantwortung.

§ 3

Lebenspartnerschaftsname

(1) Die Lebenspartner können einen gemeinsamen Namen (Lebenspartnerschaftsnamen) bestimmen. Zu ihrem Lebenspartnerschaftsnamen können die Lebenspartner durch Erklärung den Geburtsnamen eines der Lebenspartner bestimmen. Die Erklärung über die Bestimmung des Lebenspartnerschaftsnamens soll bei der Begründung der Lebenspartnerschaft erfolgen. Die Erklärungen werden wirksam, wenn sie vor der zuständigen Behörde erfolgen. Voraussetzung für die Wirksamkeit einer später abgegebenen Erklärung ist ihre öffentliche Beglaubigung.

(2) Ein Lebenspartner, dessen Geburtsname nicht Lebenspartnerschaftsname wird, kann durch Erklärung dem Lebenspartnerschaftsnamen seinen Geburtsnamen oder den zur Zeit der Erklärung über die Bestimmung des Lebenspartnerschaftsnamens geführten Namen voranstellen oder anfügen. Dies gilt nicht, wenn der Lebenspartnerschaftsname aus mehreren Namen besteht. Besteht der Name eines Lebenspartners aus mehreren Namen, so kann nur einer dieser Namen hinzugefügt werden. Die Erklärung wird wirksam, wenn sie vor der zuständigen Behörde erfolgt. Die Erklärung kann widerrufen werden; in diesem Fall ist eine erneute Erklärung nach Satz 1 nicht zulässig. Der Widerruf wird wirksam, wenn er vor der zuständigen Behörde erfolgt. Die Erklärung und der Widerruf müssen öffentlich beglaubigt werden.

(3) Ein Lebenspartner behält den Lebenspartnerschaftsnamen auch nach der Beendigung der Lebenspartnerschaft. Er kann durch Erklärung seinen Geburtsnamen oder den Namen wieder annehmen, den er bis zur Bestimmung des Lebenspartnerschaftsnamens geführt hat, oder seinen Geburtsnamen dem Lebenspartnerschaftsnamen voranstellen oder anfügen. Absatz 2 gilt entsprechend.

(4) Geburtsname ist der Name, der in die Geburtsurkunde eines Lebenspartners zum Zeitpunkt der Erklärung nach den Absätzen 1 bis 3 einzutragen ist.

§ 4
Umfang der Sorgfaltspflicht

Die Lebenspartner haben bei der Erfüllung der sich aus dem lebenspartnerschaftlichen Verhältnis ergebenden Verpflichtungen einander nur für diejenige Sorgfalt einzustehen, welche sie in eigenen Angelegenheiten anzuwenden pflegen.

§ 5
Verpflichtung zum Lebenspartnerschaftsunterhalt

Die Lebenspartner sind einander zum angemessenen Unterhalt verpflichtet. Die §§ 1360a und 1360b des Bürgerlichen Gesetzbuchs gelten entsprechend.

§ 6
Erklärung über den Vermögensstand

(1) Vor der Begründung der Lebenspartnerschaft haben sich die Lebenspartner über den Vermögensstand zu erklären. Dabei müssen die Lebenspartner entweder erklären, dass sie den Vermögensstand der Ausgleichsgemeinschaft vereinbart haben, oder sie müssen einen Lebenspartnerschaftsvertrag (§ 7) abgeschlossen haben.

(2) Beim Vermögensstand der Ausgleichsgemeinschaft wird Vermögen, das die Lebenspartner zu Beginn der Lebenspartnerschaft haben oder während der Lebenspartnerschaft erwerben, nicht gemeinschaftliches Vermögen. Jeder Lebenspartner verwaltet sein Vermögen selbst. Bei Beendigung des Vermögensstandes wird der Überschuss, den die Lebenspartner während der Dauer des Vermögensstandes erzielt haben, ausgeglichen. Die §§ 1371 bis 1390 des Bürgerlichen Gesetzbuchs gelten entsprechend.

(3) Ist die Vereinbarung nach Absatz 1 Satz 2 oder der Lebenspartnerschaftsvertrag unwirksam, so besteht Vermögenstrennung.

§ 7
Lebenspartnerschaftsvertrag

(1) Die Lebenspartner können ihre vermögensrechtlichen Verhältnisse durch Vertrag (Lebenspartnerschaftsvertrag) regeln. Der Vertrag muss bei gleichzeitiger Anwesenheit beider Lebenspartner zur Niederschrift eines Notars geschlossen werden. Die §§ 1409 und 1411 des Bürgerlichen Gesetzbuchs gelten entsprechend.

(2) Absatz 1 Satz 2 gilt nicht, wenn die Lebenspartner vor der Begründung der Lebenspartnerschaft den Vermögensstand der Ausgleichsgemeinschaft in der in § 6 Abs. 1 vorgesehenen Form vereinbaren.

§ 8
Sonstige vermögensrechtliche Wirkungen

(1) Zugunsten der Gläubiger eines der Lebenspartner wird vermutet, dass die im Besitz eines Lebenspartners oder beider Lebenspartner befindlichen beweglichen Sachen dem Schuldner gehören. Im Übrigen gilt § 1362 Abs. 1 Satz 2 und 3 und Abs. 2 des Bürgerlichen Gesetzbuchs entsprechend.

(2) § 1357 und die §§ 1365 bis 1370 des Bürgerlichen Gesetzbuchs gelten entsprechend.

§ 9
Sorgerechtliche Befugnisse des Lebenspartners

(1) Führt der allein sorgeberechtigte Elternteil eine Lebenspartnerschaft, hat sein Lebenspartner im Einvernehmen mit dem sorgeberechtigten Elternteil die Befugnis zur Mitentscheidung in Angelegenheiten des täglichen Lebens des Kindes. § 1629 Abs. 2 Satz 1 des Bürgerlichen Gesetzbuchs gilt entsprechend.
(2) Bei Gefahr im Verzug ist der Lebenspartner dazu berechtigt, alle Rechtshandlungen vorzunehmen, die zum Wohl des Kindes notwendig sind; der sorgeberechtigte Elternteil ist unverzüglich zu unterrichten.
(3) Das Familiengericht kann die Befugnisse nach Absatz 1 einschränken oder ausschließen, wenn dies zum Wohl des Kindes erforderlich ist.
(4) Die Befugnisse nach Absatz 1 bestehen nicht, wenn die Lebenspartner nicht nur vorübergehend getrennt leben.

§ 10
Erbrecht

(1) Der überlebende Lebenspartner des Erblassers ist neben Verwandten der ersten Ordnung zu einem Viertel, neben Verwandten der zweiten Ordnung oder neben Großeltern zur Hälfte der Erbschaft gesetzlicher Erbe. Zusätzlich stehen ihm die zum lebenspartnerschaftlichen Haushalt gehörenden Gegenstände, soweit sie nicht Zubehör eines Grundstücks sind, und die Geschenke zur Begründung der Lebenspartnerschaft als Voraus zu. Ist der überlebende Lebenspartner neben Verwandten der ersten Ordnung gesetzlicher Erbe, so steht ihm der Voraus nur zu, soweit er ihn zur Führung eines angemesse-

nen Haushalts benötigt. Auf dem Voraus sind die für Vermächtnisse geltenden Vorschriften anzuwenden.

(2) Sind weder Verwandte der ersten noch der zweiten Ordnung noch Großeltern vorhanden, erhält der überlebende Lebenspartner die ganze Erbschaft.

(3) Das Erbrecht des überlebenden Lebenspartners ist ausgeschlossen, wenn zur Zeit des Todes des Erblassers
   1. die Voraussetzungen für die Aufhebung der Lebenspartnerschaft nach § 15 Abs. 2 Nr. 1 oder 2 gegeben waren und der Erblasser die Aufhebung beantragt oder ihr zugestimmt hatte oder
   2. der Erblasser einen Antrag nach § 15 Abs. 2 Nr. 3 gestellt hatte und dieser Antrag begründet war. In diesen Fällen gilt § 16 entsprechend.

(4) Lebenspartner können ein gemeinschaftliches Testament errichten. Die §§ 2266 bis 2273 des Bürgerlichen Gesetzbuchs gelten entsprechend.

(5) Auf eine letztwillige Verfügung, durch die der Erblasser seinen Lebenspartner bedacht hat, ist § 2077 Abs. 1 und 3 des Bürgerlichen Gesetzbuchs entsprechend anzuwenden.

(6) Hat der Erblasser den überlebenden Lebenspartner durch Verfügung von Todes wegen von der Erbfolge ausgeschlossen, kann dieser von den Erben die Hälfte des Wertes des gesetzlichen Erbteils als Pflichtteil verlangen. Die Vorschriften des Bürgerlichen Gesetzbuchs über den Pflichtteil gelten mit der Maßgabe entsprechend, dass der Lebenspartner wie ein Ehegatte zu behandeln ist.

(7) Die Vorschriften des Bürgerlichen Gesetzbuchs über den Erbverzicht gelten entsprechend.

§ 11
Sonstige Wirkungen der Lebenspartnerschaft

(1) Ein Lebenspartner gilt als Familienangehöriger des anderen Lebenspartners, soweit nicht etwas anderes bestimmt ist.

(2) Die Verwandten eines Lebenspartners gelten als mit dem anderen Lebenspartner verschwägert. Die Linie und der Grad der Schwägerschaft bestimmen sich nach der Linie und dem Grad der sie vermittelnden Verwandtschaft. Die Schwägerschaft dauert fort, auch wenn die Lebenspartnerschaft, die sie begründet hat, aufgelöst wurde.

Abschnitt 3
Getrenntleben der Lebenspartner

§ 12
Unterhalt bei Getrenntleben

(1) Leben die Lebenspartner getrennt, so kann ein Lebenspartner von dem anderen den nach den Lebensverhältnissen und den Erwerbs- und Vermögensverhältnissen während der Lebenspartnerschaft angemessenen Unterhalt verlangen. Der nichterwerbstätige Lebenspartner kann darauf verwiesen werden, seinen Unterhalt durch eine Erwerbstätigkeit selbst zu verdienen, es sei denn, dass dies von ihm nach seinen persönlichen Verhältnissen unter Berücksichtigung der Dauer der Lebenspartnerschaft und nach den wirtschaftlichen Verhältnissen der Lebenspartner nicht erwartet werden kann.
(2) Ein Unterhaltsanspruch ist zu versagen, herabzusetzen oder zeitlich zu begrenzen, soweit die Inanspruchnahme des Verpflichteten unbillig wäre. § 1361 Abs. 4 und § 1610a des Bürgerlichen Gesetzbuchs gelten entsprechend.

§ 13
Hausratsverteilung bei Getrenntleben

(1) Leben die Lebenspartner getrennt, so kann jeder von ihnen die ihm gehörenden Haushaltsgegenstände von dem anderen Lebenspartner herausverlangen. Er ist jedoch verpflichtet, sie dem anderen Lebenspartner zum Gebrauch zu überlassen, soweit dieser sie zur Führung

eines abgesonderten Haushalts benötigt und die Überlassung nach den Umständen des Falles der Billigkeit entspricht.

(2) Haushaltsgegenstände, die den Lebenspartnern gemeinsam gehören, werden zwischen ihnen nach den Grundsätzen der Billigkeit verteilt. Das Gericht kann eine angemessene Vergütung für die Benutzung der Haushaltsgegenstände festsetzen.

(3) Die Eigentumsverhältnisse bleiben unberührt, sofern die Lebenspartner nichts anderes vereinbaren.

§ 14 [73]
Wohnungszuweisung bei Getrenntleben

(1) Leben die Lebenspartner getrennt oder will einer von ihnen getrennt leben *oder will einer von ihnen getrennt leben*, so kann ein Lebenspartner verlangen, dass ihm der andere die gemeinsame Wohnung oder einen Teil zur alleinigen Benutzung überlässt, soweit dies *auch unter Berücksichtigung der Belange des anderen Lebenspartners* notwendig ist, um eine *unbillige* Härte zu vermeiden. *Eine unbillige Härte kann auch dann gegeben sein, wenn das Wohl von im Haushalt lebenden Kindern beeinträchtigt ist.* Steht einem Lebenspartner allein oder gemeinsam mit einem Dritten das Eigentum, das Erbbaurecht oder der Nießbrauch an dem Grundstück zu, auf dem sich die gemeinsame Wohnung befindet, so ist dies besonders zu berücksichtigen; Entsprechendes gilt für das Wohnungseigentum, das Dauerwohnrecht und das dingliche Wohnrecht.

(2) Hat der Lebenspartner, gegen den sich der Antrag richtet, den anderen Lebenspartner widerrechtlich und vorsätzlich am Körper, der Gesundheit oder der Freiheit verletzt oder mit einer solchen Verletzung oder der Verletzung des Lebens widerrechtlich gedroht,

---

73 geändert durch Art. 11 des Gesetzes zur Verbesserung des zivilgerichtlichen Schutzes bei Gewalttaten und Nachstellungen sowie zur Erleichterung der Überlassung Ehewohnung bei Trennung vom 11.12.2001 (BGBl I S. 3513)

ist in der Regel die gesamte Wohnung zur alleinigen Benutzung zu überlassen. Der Anspruch auf Wohnungsüberlassung ist nur dann ausgeschlossen, wenn keine weitere Verletzungen und widerrechtliche Drohungen zu besorgen sind, es sei denn, dass dem verletzten Lebenspartner das weitere Zusammenleben mit dem anderen wegen der Schwere der Tat nicht zuzumuten ist.

(3) Wurde einem Lebenspartner die gemeinsame Wohnung ganz oder zum Teil überlassen, so hat der andere alles zu unterlassen, was geeignet ist, die Ausübung dieses Nutzungsrechts zu erschweren oder zu vereiteln. er kann von dem Nutzungsberechtigten Lebenspartner eine Vergütung für die Nutzung verlangen, soweit dies der Billigkeit entspricht.

(4) Ist ein Lebenspartner aus der gemeinsamen Wohnung ausgezogen, um getrennt zu leben und hat er binnen sechs Monaten nach seinem Auszug eine ernstliche Rückkehrabsicht dem anderen Lebenspartner gegenüber nicht bekundet, so wird unwiderleglich vermutet, dass er dem in der gemeinsamen Wohnung verbliebenen Lebenspartner das alleinige Nutzungsrecht überlassen hat.

Abschnitt 4
Aufhebung der Lebenspartnerschaft

§ 15
Aufhebung

(1) Die Lebenspartnerschaft wird auf Antrag eines oder beider Lebenspartner durch gerichtliches Urteil aufgehoben.

(2) Das Gericht hebt die Lebenspartnerschaft auf, wenn
   1. beide Lebenspartner erklärt haben, die Lebenspartnerschaft nicht fortsetzen zu wollen, und seit der Erklärung zwölf Monate vergangen sind;
   2. ein Lebenspartner erklärt hat, die Lebenspartnerschaft nicht fort-

setzen zu wollen, und seit der Zustellung dieser Erklärung an den anderen Lebenspartner 36 Monate vergangen sind;

3. die Fortsetzung der Lebenspartnerschaft für den Antragsteller aus Gründen, die in der Person des anderen Lebenspartners liegen, eine unzumutbare Härte wäre.

(3) Die Lebenspartner können ihre Erklärungen nach Absatz 2 Nr. 1 oder 2 widerrufen, solange die Lebenspartnerschaft noch nicht aufgehoben ist. Widerruft im Falle des Absatzes 2 Nr. 1 einer der Lebenspartner seine Erklärung, hebt das Gericht die Lebenspartnerschaft auf, wenn seit der Abgabe der übereinstimmenden Erklärung 36 Monate vergangen sind.

(4) Die Erklärungen nach Absatz 2 Nr. 1 und 2 und nach Absatz 3 müssen persönlich abgegeben werden und bedürfen der öffentlichen Beurkundung. Sie können nicht unter einer Bedingung oder einer Zeitbestimmung abgegeben werden.

§ 16
Nachpartnerschaftlicher Unterhalt

(1) Kann ein Lebenspartner nach der Aufhebung der Lebenspartnerschaft nicht selbst für seinen Unterhalt sorgen, kann er vom anderen Lebenspartner den nach den Lebensverhältnissen während der Lebenspartnerschaft angemessenen Unterhalt verlangen, soweit und solange von ihm eine Erwerbstätigkeit, insbesondere wegen seines Alters oder wegen Krankheiten oder anderer Gebrechen, nicht erwartet werden kann.

(2) Der Unterhaltsanspruch erlischt, wenn der Berechtigte eine Ehe eingeht oder eine neue Lebenspartnerschaft begründet. Im Übrigen gelten § 1578 Abs. 1 Satz 1, Satz 2 erster Halbsatz und Satz 4, Abs. 2 und 3, §§ 1578a bis 1581 und 1583 bis 1586 und § 1586b des Bürgerlichen Gesetzbuchs entsprechend.

(3) Bei der Ermittlung des Unterhalts des früheren Lebenspartners geht dieser im Falle des § 1581 des Bürgerlichen Gesetzbuchs einem neu-

en Lebenspartner und den übrigen Verwandten im Sinne des § 1609 Abs. 2 des Bürgerlichen Gesetzbuchs vor; alle anderen gesetzlich Unterhaltsberechtigten gehen dem früheren Lebenspartner vor.

§ 17
Familiengerichtliche Entscheidung

Können sich die Lebenspartner anlässlich der Aufhebung der Lebenspartnerschaft nicht darüber einigen, wer von ihnen die gemeinsame Wohnung künftig bewohnen oder wer die Wohnungseinrichtung und den sonstigen Hausrat erhalten soll, so regelt auf Antrag das Familiengericht die Rechtsverhältnisse an der Wohnung und am Hausrat nach billigem Ermessen. Dabei hat das Gericht alle Umstände des Einzelfalls zu berücksichtigen. Die Regelung der Rechtsverhältnisse an der Wohnung oder am Hausrat hat Rechtsgestaltende Wirkung.

§ 18
Entscheidung über die gemeinsame Wohnung

(1) Für die gemeinsame Wohnung kann das Gericht bestimmen, dass
   1. ein von beiden Lebenspartnern eingegangenes Mietverhältnis von einem Lebenspartner allein fortgesetzt wird oder
   2. ein Lebenspartner in das nur von dem anderen Lebenspartner eingegangene Mietverhältnis an dessen Stelle eintritt.

(2) Steht die gemeinsame Wohnung im Eigentum oder Miteigentum eines Lebenspartners, so kann das Gericht für den anderen Lebenspartner ein Mietverhältnis an der Wohnung begründen, wenn der Verlust der Wohnung für ihn eine unbillige Härte wäre.

(3) Die §§ 3 bis 7 der Verordnung über die Behandlung der Ehewohnung und des Hausrats und § 60 des Wohnungseigentumsgesetzes gelten entsprechend.

§ 19
Entscheidung über den Hausrat

Für die Regelung der Rechtsverhältnisse am Hausrat gelten die Vorschriften der §§ 8 bis 10 der Verordnung über die Behandlung der Ehewohnung und des Hausrats entsprechend. Gegenstände, die im Alleineigentum eines Lebenspartners oder im Miteigentum eines Lebenspartners und eines Dritten stehen, soll das Gericht dem anderen Lebenspartner nur zuweisen, wenn dieser auf ihre Weiterbenutzung angewiesen ist und die Überlassung dem anderen zugemutet werden kann.

Artikel 2: Änderung des Bürgerlichen Gesetzbuchs

Das Bürgerliche Gesetzbuch in der im Bundesgesetzblatt Teil III, Gliederungsnummer 400-2, veröffentlichten bereinigten Fassung, zuletzt geändert durch Artikel 2 des Gesetzes vom 21. Dezember 2000 (BGBl. I S. 1966), wird wie folgt geändert:
Dem § 204 wird folgender Satz angefügt:
„Satz 1 gilt entsprechend für Ansprüche zwischen Lebenspartnern, solange die Lebenspartnerschaft besteht."
§ 528 Abs. 1 Satz 1 wird wie folgt gefasst:

„Soweit der Schenker nach der Vollziehung der Schenkung außerstande ist, seinen angemessenen Unterhalt zu bestreiten und die ihm seinen Verwandten, seinem Ehegatten, seinem Lebenspartner oder seinem früheren Ehegatten oder Lebenspartner gegenüber gesetzlich obliegende Unterhaltspflicht zu erfüllen, kann er von dem Beschenkten die Herausgabe des Geschenkes nach den Vorschriften über die Herausgabe einer ungerechtfertigten Bereicherung fordern."

Die §§ 569 bis 569b werden wie folgt gefasst:

§ 569

(1) In ein Mietverhältnis über Wohnraum tritt mit dem Tod des Mieters der Ehegatte ein, der mit dem Mieter einen gemeinsamen Haushalt führt. Dasselbe gilt für Lebenspartner.

(2) Leben in dem gemeinsamen Haushalt Kinder des Mieters, treten diese mit dem Tod des Mieters in das Mietverhältnis ein, wenn nicht der Ehegatte eintritt. Andere Familienangehörige, die mit dem Mieter einen gemeinsamen Haushalt führen, treten mit dem Tod des Mieters in das Mietverhältnis ein, wenn nicht der Ehegatte oder der Lebenspartner eintritt. Dasselbe gilt für Personen, die mit dem Mieter einen auf Dauer angelegten gemeinsamen Haushalt führen.

(3) Erklären eingetretene Personen im Sinne des Absatzes 1 oder 2 innerhalb eines Monats, nachdem sie vom Tod des Mieters Kenntnis erlangt haben, dem Vermieter, dass sie das Mietverhältnis nicht fortsetzen wollen, gilt der Eintritt als nicht erfolgt. Für geschäftsunfähige oder in der Geschäftsfähigkeit beschränkte Personen gilt § 206 entsprechend. Sind mehrere Personen in das Mietverhältnis eingetreten, so kann jeder die Erklärung für sich abgeben.

(4) Der Vermieter kann das Mietverhältnis innerhalb eines Monats, nachdem er von dem endgültigen Eintritt in das Mietverhältnis Kenntnis erlangt hat, unter Einhaltung der gesetzlichen Frist kündigen, wenn in der Person des Eintretenden ein wichtiger Grund vorliegt.

   (1) Eine abweichende Vereinbarung zum Nachteil des Mieters oder solcher Personen, die nach Absatz 1 oder 2 eintrittsberechtigt sind, ist unwirksam.

§ 569a

(1) Ein Mietverhältnis über Wohnraum, bei dem mehrere Personen im Sinne des § 569 gemeinsam Mieter sind, wird bei Tod eines Mieters mit den überlebenden Mietern fortgesetzt.

(2) Die überlebenden Mieter können das Mietverhältnis innerhalb eines

Monats, nachdem sie vom Tod des Mieters Kenntnis erlangt haben, unter Einhaltung der gesetzlichen Frist kündigen.

(3) Eine abweichende Vereinbarung zum Nachteil des Mieters oder solcher Personen, die nach Absatz 1 fortsetzungsberechtigt sind, ist unwirksam.

§ 569b

(1) Die Personen, die gemäß § 569 in das Mietverhältnis eingetreten sind oder mit denen es gemäß § 569a fortgesetzt wird, haften neben dem Erben für die bis zum Tod des Mieters entstandenen Verbindlichkeiten aus dem Mietverhältnis als Gesamtschuldner. Im Verhältnis zu diesen Personen haftet der Erbe allein, soweit nichts anderes bestimmt ist.

(2) Hat der Mieter den Mietzins für einen nach seinem Tod liegenden Zeitraum im Voraus entrichtet, sind die Personen, die gemäß § 569 in das Mietverhältnis eingetreten sind oder mit denen es gemäß § 569a fortgesetzt wird, verpflichtet, dem Erben dasjenige herauszugeben, was sie infolge der Vorausentrichtung des Mietzinses ersparen oder erlangen.

(3 Der Vermieter kann, falls der verstorbene Mieter keine Sicherheit geleistet hat, von den Personen, die gemäß § 569 in das Mietverhältnis eintreten oder mit denen es gemäß § 569a fortgesetzt wird, nach Maßgabe des § 550b eine Sicherheitsleistung verlangen.“

Nach § 569b wird folgender § 569c eingefügt:

§ 569c

(1) Treten beim Tod des Mieters keine Personen im Sinne des § 569 in das Mietverhältnis über Wohnraum ein oder wird es nicht mit ihnen nach § 569a fortgesetzt, so wird es mit dem Erben fortgesetzt. In diesem Fall sind sowohl der Erbe als auch der Vermieter berechtigt,

das Mietverhältnis innerhalb eines Monats unter Einhaltung der gesetzlichen Frist zu kündigen, nachdem sie vom Tod des Mieters und davon Kenntnis erlangt haben, dass ein Eintritt in das Mietverhältnis oder dessen Fortsetzung nicht erfolgt ist.

(2) Bei Mietverhältnissen über andere Sachen gilt Absatz 1 Satz 2 entsprechend."

In § 570b Abs. 3 wird die Angabe „§ 569a Abs. 1 oder 2" durch die Angabe „§ 569 Abs. 1 oder 2" ersetzt.*

In § 584a Abs. 2 wird die Angabe „§ 569" durch die Angabe „§ 569c Abs. 1 Satz 2" ersetzt.*

§ 1493 Abs. 1 wird wie folgt gefasst:

„(1) Die fortgesetzte Gütergemeinschaft endet, wenn der überlebende Ehegatte wieder heiratet oder eine Lebenspartnerschaft begründet."

§ 1586 wird wie folgt geändert:

In Absatz 1 werden nach den Wörtern „mit der Wiederheirat" die Wörter „, der Begründung einer Lebenspartnerschaft" eingefügt.

In Absatz 2 Satz 2 werden nach den Wörtern „Zeit der Wiederheirat" die Wörter „, der Begründung einer Lebenspartnerschaft" eingefügt.

Dem § 1608 wird folgender Satz 4 angefügt:

„Der Lebenspartner des Bedürftigen haftet in gleicher Weise wie ein Ehegatte."

§ 1617c wird wie folgt geändert:

In Absatz 2 Nr. 2 werden nach dem Wort „Eheschließung" die Wörter „oder Begründung einer Lebenspartnerschaft" eingefügt.

Absatz 3 wird wie folgt gefasst:

„(3) Eine Änderung des Geburtsnamens erstreckt sich auf den Ehenamen oder den Lebenspartnerschaftsnamen des Kindes nur dann, wenn sich auch der Ehegatte oder der Lebenspartner der Namensänderung anschließt; Absatz 1 Satz 3 gilt entsprechend."

In § 1682 Satz 2 werden nach den Wörtern „Elternteil und“ die Wörter „dessen Lebenspartner oder“ eingefügt.
In § 1685 Abs. 2 werden nach den Wörtern „früheren Ehegatten“ die Wörter „sowie den Lebenspartner oder früheren Lebenspartner“ eingefügt.

Nach § 1687a wird folgender § 1687b eingefügt:
§ 1687b

(1) Der Ehegatte eines allein sorgeberechtigten Elternteils, der nicht Elternteil des Kindes ist, hat im Einvernehmen mit dem sorgeberechtigten Elternteil die Befugnis zur Mitentscheidung in Angelegenheiten des täglichen Lebens des Kindes. § 1629 Abs. 2 Satz 1 gilt entsprechend.
(2) Bei Gefahr im Verzug ist der Ehegatte dazu berechtigt, alle Rechtshandlungen vorzunehmen, die zum Wohl des Kindes notwendig sind; der sorgeberechtigte Elternteil ist unverzüglich zu unterrichten.
(3) Das Familiengericht kann die Befugnisse nach Absatz 1 einschränken oder ausschließen, wenn dies zum Wohl des Kindes erforderlich ist.
(4) Die Befugnisse nach Absatz 1 bestehen nicht, wenn die Ehegatten nicht nur vorübergehend getrennt leben.“

§ 1757 Abs. 1 Satz 2 wird wie folgt gefasst:
„Als Familienname gilt nicht der dem Ehenamen oder dem Lebenspartnerschaftsnamen hinzugefügte Name (§ 1355 Abs. 4; § 3 Abs. 2 Lebenspartnerschaftsgesetz).“

§ 1765 wird wie folgt geändert:
Absatz 1 Satz 3 wird wie folgt gefasst:

„Ist der Geburtsname zum Ehenamen oder Lebenspartnerschaftsnamen des Kindes geworden, so bleibt dieser unberührt.“
Absatz 3 wird wie folgt gefasst:

(3) Ist der durch die Annahme erworbene Name zum Ehenamen oder Lebenspartnerschaftsnamen geworden, so hat das Vormundschaftsgericht auf gemeinsamen Antrag der Ehegatten oder Lebenspartner mit der Aufhebung anzuordnen, dass die Ehegatten oder Lebenspartner als Ehenamen oder Lebenspartnerschaftsnamen den Geburtsnamen führen, den das Kind vor der Annahme geführt hat."

Dem § 1767 Abs. 2 wird folgender Satz angefügt: § 1757 Abs. 3 ist entsprechend anzuwenden, wenn der Angenommene eine Lebenspartnerschaft begründet hat und sein Geburtsname zum Lebenspartnerschaftsnamen bestimmt worden ist."

In § 1795 Abs. 1 Nr. 1 werden nach dem Wort „Ehegatten" die Wörter „, seinem Lebenspartner" eingefügt.

In § 1836c Nr. 1 Satz 1 werden nach dem Wort „Ehegatten" die Wörter „oder Lebenspartners" eingefügt.

§ 1897 Abs. 5 wird wie folgt gefasst:

„(5) Schlägt der Volljährige niemanden vor, der zum Betreuer bestellt werden kann, so ist bei der Auswahl des Betreuers auf die verwandtschaftlichen und sonstigen persönlichen Bindungen des Volljährigen, insbesondere auf die Bindungen zu Eltern, zu Kindern, zum Ehegatten und zum Lebenspartner, sowie auf die Gefahr von Interessenkonflikten Rücksicht zu nehmen."

In § 1903 Abs. 2 werden nach den Wörtern „auf Eingehung einer Ehe" die Wörter „oder Begründung einer Lebenspartnerschaft" eingefügt.

In § 1908i Abs. 2 Satz 2 werden nach dem Wort „Ehegatten" die Wörter „, den Lebenspartner" eingefügt.

In § 1936 Abs. 1 Satz 1 werden nach dem Wort „Verwandter“ die Wörter „, ein Lebenspartner“ eingefügt.

§ 1938 wird wie folgt gefasst:
§ 1938: Der Erblasser kann durch Testament einen Verwandten, den Ehegatten oder den Lebenspartner von der gesetzlichen Erbfolge ausschließen, ohne einen Erben einzusetzen.“

In § 2279 Abs. 2 wird nach dem Wort „Ehegatten“ das Wort „, Lebenspartner“ eingefügt.

In § 2280 werden nach dem Wort „Ehegatten“ die Wörter „oder Lebenspartner“ eingefügt.
In § 2292 werden nach dem ersten Wort „Ehegatten“ die Wörter „oder Lebenspartnern“ und nach dem zweiten Wort „Ehegatten“ die Wörter „oder Lebenspartner“ eingefügt.

Artikel 3: Änderung sonstigen Bundesrechts

§ 1
Staatsangehörigkeitsgesetz

In § 9 Abs. 1 des Staatsangehörigkeitsgesetzes in der im Bundesgesetzblatt Teil III, Gliederungsnummer 102-1, veröffentlichten bereinigten Fassung, das zuletzt durch Artikel 1 des Gesetzes vom 15. Juli 1999 (BGBl. I S. 1618) geändert worden ist, werden nach dem Wort „Ehegatten“ die Wörter „oder Lebenspartner“ eingefügt.

§ 2
Abgeordnetengesetz

Nach § 12 Abs. 3 Satz 3 des Abgeordnetengesetzes in der Fassung der Bekanntmachung vom 21. Februar 1996 (BGBl. I S. 326), das zuletzt durch Artikel 13 des Gesetzes vom 20. Dezember 2000 (BGBl. I S. 1827) geändert worden ist, wird folgender Satz eingefügt: „Entsprechendes gilt für den Ersatz von Aufwendungen für Arbeitsverträge mit Lebenspartnern oder früheren Lebenspartnern eines Mitglieds des Bundestages."

§ 3
Bundesverfassungsgerichtsgesetz

In § 61 Abs. 1 Satz 1 des Bundesverfassungsgerichtsgesetzes in der Fassung der Bekanntmachung vom 11. August 1993 (BGBl. I S. 1473), das durch Artikel 1 des Gesetzes vom 16. Juli 1998 (BGBl. I S. 1823) geändert worden ist, wird nach dem Wort „Ehegatten" das Wort „, Lebenspartners" eingefügt.

§ 4
MAD-Gesetz

In § 2 Abs. 1 Satz 2 Nr. 1 des MAD-Gesetzes vom 20. Dezember 1990 (BGBl. I S. 2954, 2977), das zuletzt durch Artikel 12 des Gesetzes vom 2. August 2000 (BGBl. I S. 1253) geändert worden ist, werden nach den Wörtern „dem Ehegatten oder" die Wörter" Lebenspartner oder" eingefügt.

§ 5
Sicherheitsüberprüfungsgesetz

Das Sicherheitsüberprüfungsgesetz vom 20. April 1994 (BGBl. I S. 867) wird wie folgt geändert:

1. § 2 Abs. 2 wird wie folgt geändert:
   1. Satz 1 wird wie folgt gefasst:
      „Der volljährige Ehegatte, der Lebenspartner oder der volljährige Partner, mit dem der Betroffene in einer auf Dauer angelegten Gemeinschaft lebt (Lebensgefährte), soll in die Sicherheitsüberprüfung nach den §§ 9 und 10 einbezogen werden."

2. In Satz 3 werden die Wörter „oder Lebenspartners“ durch die Wörter „, Lebenspartners oder Lebensgefährten“ ersetzt.
3. Satz 4 wird wie folgt gefasst:
„Geht der Betroffene die Ehe während oder erst nach erfolgter Sicherheitsüberprüfung ein oder begründet er die Lebenspartnerschaft oder die auf Dauer angelegte Gemeinschaft in dem entsprechenden Zeitraum, so ist die zuständige Stelle zu unterrichten, um sie in die Lage zu versetzen, die Einbeziehung des Ehegatten, Lebenspartners oder Lebensgefährten in die Sicherheitsüberprüfung nachzuholen.“
4. In Satz 5 wird das Wort „Lebenspartners“ durch das Wort „Lebensgefährten“ ersetzt.

2. In den §§ 5 Abs. 1 Satz 2, 6 Abs. 2 Satz 1, 11 Abs. 2 Satz 2, 12 Abs. 5 Satz 1, 13 Abs. 2 Satz 2, 17 Abs. 2 Satz 4, 20 Abs. 2 Satz 1 Nr. 1 und 26 Abs. 1 Satz 2 werden die Wörter „oder Lebenspartners“ jeweils durch die Wörter „, Lebenspartners oder Lebensgefährten“ ersetzt.
3. In den §§ 11 Abs. 2 Satz 1, 12 Abs. 2 Satz 2, 13 Abs. 2 Satz 3, Absatz 3 und Absatz 5 Satz 1, 16 Abs. 1 und 27 Satz 4 werden die Wörter „oder Lebenspartner“ jeweils durch die Wörter“, Lebenspartner oder Lebensgefährte“ ersetzt.

§ 6
Minderheiten-Namensänderungsgesetz

§ 2 des Minderheiten-Namensänderungsgesetzes vom 22. Juli 1997 (BGBl. 1997 II S. 1406) wird wie folgt geändert:

1. In Satz 1 werden nach dem Wort „Ehenamen“ die Wörter „oder Lebenspartnerschaftsnamen“ und nach dem Wort „Ehegatte“ die Wörter „oder Lebenspartner“ eingefügt.
2. Satz 2 wird wie folgt gefasst:

„Auf Kinder, deren Ehegatten oder Lebenspartner erstreckt sich eine Namensänderung nur nach Maßgabe der Vorschriften des Bürgerlichen Gesetzbuchs.“

§ 7
Transplantationsgesetz

Das Transplantationsgesetz vom 5. November 1997 (BGBl. I S. 2631) wird wie folgt geändert:

1. In § 4 Abs. 2 Satz 1 Nr. 1 werden nach dem Wort „Ehegatte“ die Wörter „oder eingetragener Lebenspartner (Lebenspartner)“ eingefügt.
2. In § 8 Abs. 1 Satz 2 wird nach dem Wort „Ehegatten“, das Wort Lebenspartner,“ eingefügt.

§ 8
Gesetz über das Apothekenwesen

§ 9 Abs. 1 Satz 1 Nr. 3 des Gesetzes über das Apothekenwesen in der Fassung der Bekanntmachung vom 15. Oktober 1980 (BGBl. I S. 1993), das zuletzt durch Artikel 1 des Gesetzes vom 23. August 1994 (BGBl. I S. 2189) geändert worden ist, wird wie folgt gefasst:
durch den überlebenden erbberechtigten Ehegatten oder Lebenspartner bis zu dem Zeitpunkt der Heirat oder der Begründung einer Lebenspartnerschaft, sofern er nicht selbst eine Erlaubnis gemäß § 1 erhält.“

§ 9
Gesetz über die Errichtung einer Stiftung Hilfswerk für behinderte Kinder

In § 14 Abs. 5 des Gesetzes über die Errichtung einer Stiftung „Hilfswerk für behinderte Kinder“ vom 17. Dezember 1971 (BGBl. I S. 2018, 1972 I S. 2045), das zuletzt durch Artikel 17 der Verordnung vom 21. September 1997 (BGBl. I S. 2390) geändert worden ist, werden nach dem Wort „Ehegatten“ die Wörter „, seinem Lebenspartner“ eingefügt.

§ 10
Bundeskleingartengesetz

§ 12 des Bundeskleingartengesetzes vom 28. Februar 1983 (BGBl. I S. 210), das zuletzt durch Artikel 9 des Gesetzes vom 18. August 1997 (BGBl. I S. 2081) geändert worden ist, wird wie folgt geändert:

1. Absatz 2 wird wie folgt gefasst:

„(2) Ein Kleingartenpachtvertrag, den Eheleute oder Lebenspartner gemeinschaftlich geschlossen haben, wird beim Tode eines Ehegatten oder Lebenspartners mit dem überlebenden Ehegatten oder Lebenspartner fortgesetzt. Erklärt der überlebende Ehegatte oder Lebenspartner binnen eines Monats nach dem Todesfall schriftlich gegenüber dem Verpächter, dass er den Kleingartenpachtvertrag nicht fortsetzen will, gilt Absatz 1 entsprechend.“

In Absatz 3 wird die Angabe „§ 569a Abs. 3 und 4“ durch die Angabe „§ 569b Abs. 1 und 2“ ersetzt.

§ 11
Ausländergesetz

Das Ausländergesetz vom 9. Juli 1990 (BGBl. I S. 1354, 1356), zuletzt geändert durch Artikel 9a des Gesetzes vom 2. August 2000 (BGBl. I S. 1253), wird wie folgt geändert:
Nach § 27 wird folgender § 27a eingefügt:

§27a
Nachzug von Lebenspartnern

Dem ausländischen Lebenspartner eines Ausländers kann eine Aufenthaltserlaubnis für die Herstellung und Wahrung der lebenspartnerschaftlichen Gemeinschaft mit dem Ausländer im Bundesgebiet erteilt und verlängert werden. Auf die Einreise und den Aufenthalt des Lebenspartners finden § 17 Abs. 2 bis 5, §§ 18, 19 Abs. 1 Satz 1 Nr. 1, 3 und 4, Abs. 2 bis 4, §§ 23, 25 und 27 Abs. 3 Satz 2 Nr. 2 und Abs. 4 entsprechend Anwendung."

1. Dem § 29 wird folgender Absatz 4 angefügt:

„(4) Dem Lebenspartner eines Ausländers, der eine Aufenthaltsbewilligung besitzt, kann unter den Voraussetzungen des Absatzes 1 Nr. 1 und 2 eine Aufenthaltsbewilligung für die Herstellung und Wahrung der lebenspartnerschaftlichen Gemeinschaft erteilt werden. Für die Verlängerung gilt Absatz 3 entsprechend."

   1. In § 31 Abs. 1 werden nach dem Wort „Ehegatten" die Wörter „oder Lebenspartner" eingefügt.
   2. In § 48 Abs. 1 Satz 1 Nr. 3 werden nach dem Wort „ehelicher" die Wörter „oder lebenspartnerschaftlicher" eingefügt.

§ 12
Gerichtsverfassungsgesetz

Das Gerichtsverfassungsgesetz in der Fassung der Bekanntmachung vom 9. Mai 1975 (BGBl. I S. 1077), zuletzt geändert durch Artikel 2 des Gesetzes vom 19. Dezember 2000 (BGBl. I S. 1756), wird wie folgt geändert:

1. In § 23a werden in Nummer 5 der Punkt durch ein Semikolon ersetzt und folgende Nummer 6 angefügt:
   „6. Lebenspartnerschaftssachen."
2. In § 23b Abs. 1 Satz 2 werden in Nummer 14 der Punkt durch ein Semikolon ersetzt und folgende Nummer 15 angefügt: „15. Lebenspartnerschaftssachen."
3. In § 138 Abs. 2 werden die Wörter „die Nichtigerklärung einer Ehe, die Feststellung des Bestehens oder Nichtbestehens einer Ehe oder" gestrichen.
4. § 155 wird wie folgt geändert:
   1. I. Nr. 2 wird wie folgt gefasst:

1. wenn sein Ehegatte oder Lebenspartner Partei ist, auch wenn die Ehe oder Lebenspartnerschaft nicht mehr besteht;"
2. In II. Nr. 2 werden nach dem Wort „Ehegatte" die Wörter „oder Lebenspartner" eingefügt.

§ 13
Rechtspflegergesetz

Das Rechtspflegergesetz vom 5. November 1969 (BGBl. I S. 2065), zuletzt geändert durch Artikel 4 des Gesetzes vom 25. August 1998 (BGBl. I S. 2489), wird wie folgt geändert:

1. § 3 Nr. 2 Buchstabe a wird wie folgt gefasst:

Vormundschafts-, Familien und Betreuungssachen im Sinne des Zweiten Abschnittes des Gesetzes über die Angelegenheiten der Freiwilligen Gerichtsbarkeit und Angelegenheiten, die im Bürgerlichen Gesetzbuch und im Lebenspartnerschaftsgesetz dem Familiengericht übertragen sind;"

2. § 14 Abs. 1 wird wie folgt geändert:
   1. Im einleitenden Satzteil werden nach den Wörtern „Bürgerlichen Gesetzbuch" die Wörter" und Lebenspartnerschaftsgesetz" eingefügt.
   2. Nummer 1 wird wie folgt gefasst:
      1. die Aufhebung einer Beschränkung oder Ausschließung der Berechtigung des Ehegatten oder Lebenspartners, Geschäfte mit Wirkung für den anderen Ehegatten oder Lebenspartner zu besorgen (§ 1357 Abs. 2 Satz 1 des Bürgerlichen Gesetzbuchs, auch in Verbindung mit § 8 Abs. 2 des Lebenspartnerschaftsgesetzes);"
3. Nummer 2 wird wie folgt gefasst:
      1. die Entscheidung über die Stundung der Ausgleichsforderung im Falle des § 1382 Abs. 5 des Bürgerlichen Gesetzbuchs sowie die Übertragung bestimmter Vermögensgegenstände unter Anrechnung auf die Ausgleichsforderung im Falle des § 1383 Abs. 3 des Bürgerlichen Gesetzbuchs, jeweils auch in Verbindung mit § 6 Abs. 2 Satz 4 des Lebenspartnerschaftsgesetzes;".

4. Nummer 6 wird wie folgt gefasst:
   6. die Ersetzung der Zustimmung eines Ehegatten Lebenspartners, eines Sorgeberechtigten oder eines Abkömmlings zu einem Rechtsgeschäft mit Ausnahme der Ersetzung der Zustimmung eines Ehegatten nach § 1452 des Bürgerlichen Gesetzbuchs;“

§ 14
Bundesrechtsanwaltsordnung

Die Bundesrechtsanwaltsordnung in der im Bundesgesetzblatt Teil III, Gliederungsnummer 303-8, veröffentlichten bereinigten Fassung, zuletzt geändert durch Artikel 2 des Gesetzes vom 9. März 2000 (BGBl. I S. 182), wird wie folgt geändert:

1. § 20 Abs. 1 wird wie folgt geändert:
1. Die Nummern 2 und 3 werden aufgehoben.
2. Die bisherige Nummer 4 wird Nummer 2.
2. § 35 Abs. 1 wird wie folgt geändert:
   1. In Nummer 5 wird das Semikolon durch einen Punkt ersetzt.
   2. Nummer 6 wird aufgehoben.
   3. In § 53 Abs. 4 Satz 3 wird die Angabe „bis 3“ gestrichen.
   4. In § 55 Abs. 1 Satz 2 wird die Angabe „bis 3“ gestrichen.
   5. In § 114a Abs. 1 Satz 2 und in § 155 Abs. 4 werden nach dem Wort „Ehegatten“ jeweils die Wörter „oder Lebenspartners“ eingefügt.
   6. In § 170 Abs. 4 werden die Wörter „gelten § 20 Abs. 1 Nr. 2 und 3 und“ durch das Wort „gilt“ ersetzt.

§ 15
Beurkundungsgesetz

Das Beurkundungsgesetz vom 28. August 1969 (BGBl. I S. 1513), zuletzt geändert durch Artikel 2 des Gesetzes vom 31. August 1998 (BGBl. I S. 2585), wird wie folgt geändert:

1. In § 3 Abs. 1 Satz 1 wird nach Nummer 2 folgende Nummer 2a eingefügt:

„2a. Angelegenheiten seines Lebenspartners oder früheren Lebenspartners,“.

2. In § 6 Abs. 1 wird nach Nummer 2 folgende Nummer 2a eingefügt: „2a. sein Lebenspartner,“.
3. § 7 wird wie folgt geändert:
   1. Nummer 2 wird wie folgt gefasst:
   „2. seinem Ehegatten oder früheren Ehegatten,
      „2. Nach Nummer 2 wird folgende Nummer 2a eingefügt: „2a. seinem Lebenspartner oder früheren Lebenspartner oder“.
4. § 26 wird wie folgt geändert:
   1. Nummer 3 wird wie folgt gefasst:
   „3. mit dem Notar verheiratet ist“.
   2. Nach Nummer 3 wird folgende Nummer 3a eingefügt:
      „3a. mit ihm eine Lebenspartnerschaft führt oder“.

§ 16
Zivilprozessordnung

Die Zivilprozessordnung in der im Bundesgesetzblatt Teil III, Gliederungsnummer 310-4, veröffentlichten bereinigten Fassung, zuletzt geändert durch Artikel 9 Nr. 7 des Gesetzes vom 27. Juni 2000 (BGBl. I S. 897), wird wie folgt geändert:

1. In § 41 wird nach Nummer 2 folgende Nummer 2a eingefügt: „2a. in Sachen seines Lebenspartners, auch wenn die Lebenspartnerschaft nicht mehr besteht;“.
2. § 78 Abs. 2 Satz 1 wird wie folgt geändert:
   1. Nach Nummer 1 wird folgende Nummer 1a eingefügt: „1a. die Lebenspartner in Lebenspartnerschaftssachen nach § 661 Abs. 1 Nr. 1 bis 3 und Folgesachen in allen Rechtszügen,“.

1. Dem § 93a wird folgender Absatz 5 angefügt:

„(5) Die Absätze 1 und 2 gelten in Lebenspartnerschaftssachen nach § 661 Abs. 1 Nr. 1 entsprechend."

2. In § 97 Abs. 3 wird der Punkt am Ende des Satzes durch ein Komma ersetzt und es werden die Wörter „sowie für Lebenspartnerschaftssachen der in § 661 Abs. 1 Nr. 5 und 7 bezeichneten Art, die Folgesache einer Aufhebungssache sind." angefügt.

3. In § 115 Abs. 1 Satz 3 Nr. 2 werden nach den Wörtern „und ihren Ehegatten" die Wörter „oder ihren Lebenspartner" eingefügt.

4. In § 154 Abs. 1 werden nach den Wörtern „ob zwischen den Parteien eine Ehe" die Wörter „oder eine Lebenspartnerschaft" und nach den Wörtern „Bestehen oder Nichtbestehen der Ehe" die Wörter „oder der Lebenspartnerschaft" eingefügt.

5. In § 313a Abs. 2 wird nach Nummer 1 folgende Nummer 1a eingefügt: „1a. in Lebenspartnerschaftssachen nach § 661 Abs. 1 Nr. 2 und 3;".

6. In § 328 Abs. 2 werden vor dem Wort „handelt" die Wörter „oder um eine Lebenspartnerschaftssache im Sinne des § 661 Abs. 1 Nr. 1 und 2" eingefügt.

7. In § 383 Abs. 1 wird nach Nummer 2 folgende Nummer 2a eingefügt: „2a. der Lebenspartner einer Partei, auch wenn die Lebenspartnerschaft nicht mehr besteht;".

10. Nach § 660 wird folgender Siebenter Abschnitt eingefügt:

Siebenter Abschnitt
Verfahren in Lebenspartnerschaftssachen

§ 661

(1) Lebenspartnerschaftssachen sind Verfahren, welche zum Gegenstand haben die Aufhebung der Lebenspartnerschaft aufgrund des Lebenspartnerschaftsgesetzes, die Feststellung des Bestehens oder

Nichtbestehens einer Lebenspartnerschaft, die Verpflichtung zur Fürsorge und Unterstützung in der partnerschaftlichen Lebensgemeinschaft, die durch die Lebenspartnerschaft begründete gesetzliche Unterhaltspflicht, die Regelung der Rechtsverhältnisse an der gemeinsamen Wohnung und am Hausrat der Lebenspartner, Ansprüche aus dem lebenspartnerschaftlichen Güterrecht, auch wenn Dritte an dem Verfahren beteiligt sind, Entscheidungen nach § 6 Abs. 2 Satz 4 des Lebenspartnerschaftsgesetzes in Verbindung mit §§ 1382 und 1383 des Bürgerlichen Gesetzbuchs.

(2) In Lebenspartnerschaftssachen finden die für Verfahren auf Scheidung, auf Feststellung des Bestehens oder Nichtbestehens einer Ehe zwischen den Parteien oder auf Herstellung des ehelichen Lebens und für Verfahren in anderen Familiensachen nach § 621 Abs. 1 Nr. 5, 7, 8 und 9 geltenden Vorschriften jeweils entsprechende Anwendung.

(3) § 606a gilt mit den folgenden Maßgaben entsprechend:
Die deutschen Gerichte sind auch dann zuständig, wenneiner der Lebenspartner seinen gewöhnlichen Aufenthalt im Inland hat, die Voraussetzungen des Absatzes 1 Satz 1 Nr. 4 jedoch nicht erfüllt sind, oder die Lebenspartnerschaft vor einem deutschen Standesbeamten begründet worden ist.

Absatz 2 Satz 1 findet keine Anwendung.
In Absatz 2 Satz 2 tritt an die Stelle der Staaten, denen die Ehegatten angehören, der Register führende Staat."
§ 739 wird wie folgt geändert:
Der bisherige Wortlaut wird Absatz 1.
Nach Absatz 1 wird folgender Absatz 2 angefügt:
Absatz 1 gilt entsprechend für die Vermutung des § 8 Abs. 1 des Lebenspartnerschaftsgesetzes zugunsten der Gläubiger eines der Lebenspartner."

In § 850c Abs. 1 Satz 2 werden nach den Wörtern früheren Ehegatten" die Wörter „, seinem Lebenspartner, einem früheren Lebenspartner" eingefügt.

§ 850d wird wie folgt geändert:

1. In Absatz 1 Satz 1 werden nach den Wörtern „früheren Ehegatten" die Wörter „, dem Lebenspartner, einem früheren Lebenspartner" eingefügt.
2. In Absatz 2 wird nach Buchstabe a folgender Buchstabe b eingefügt: b) der Lebenspartner und ein früherer Lebenspartner,".
3. Der bisherige Buchstabe b wird Buchstabe c, der bisherige Buchstabe c wird Buchstabe d.

In § 850i Abs. 1 Satz 1 werden nach den Wörtern früheren Ehegatten" die Wörter „, seines Lebenspartners, eines früheren Lebenspartners" eingefügt.

4. In § 863 Abs. 1 Satz 1 werden nach den Wörtern früheren Ehegatten" die Wörter „, seinem Lebenspartner, einem früheren Lebenspartner" eingefügt.

§ 17
Insolvenzordnung

Nach § 138 Abs. 1 Nr. 1 der Insolvenzordnung vom 5. Oktober 1994 (BGBl. I S. 2866), die zuletzt durch Artikel 1 des Gesetzes vom 8. Dezember 1999 (BGBl. I S. 2384) geändert worden ist, wird folgende Nummer 1a eingefügt:
„1a. der Lebenspartner des Schuldners, auch wenn die Lebenspartnerschaft erst nach der Rechtshandlung eingegangen oder im letzten Jahr vor der Handlung aufgelöst worden ist;".

§ 18
Strafprozessordnung

Die Strafprozessordnung in der im Bundesgesetzblatt Teil III, Gliederungsnummer 312-2, veröffentlichten bereinigten Fassung, zuletzt geändert durch Artikel 2 des Gesetzes vom 27. Dezember 2000 (BGBl. I S. 2043), wird wie folgt geändert:

1. In § 22 Nr. 2 wird nach dem Wort „Ehegatte," das Wort Lebenspartner," eingefügt.
2. In § 52 Abs. 1 wird nach Nummer 2 folgende Nummer 2a eingefügt: „2a. der Lebenspartner des Beschuldigten, auch wenn die Lebenspartnerschaft nicht mehr besteht;".
3. In § 149 Abs. 1 und in § 404 Abs. 3 Satz 2 werden nach dem Wort „Ehegatte" jeweils die Wörter „oder Lebenspartner" eingefügt.
4. In § 361 Abs. 2 werden nach dem Wort „Ehegatte," die Wörter „der Lebenspartner," eingefügt.

In § 395 Abs. 2 Nr. 1 werden nach dem Wort „Ehegatten" die Wörter „oder Lebenspartner" eingefügt.

§ 19
Gesetz über die Angelegenheiten der freiwilligen Gerichtsbarkeit

Das Gesetz über die Angelegenheiten der freiwilligen Gerichtsbarkeit in der im Bundesgesetzblatt Teil III, Gliederungsnummer 315-1, veröffentlichten bereinigten Fassung, zuletzt geändert durch Artikel 4 des Gesetzes vom 24. Februar 2000 (BGBl. I S. 154), wird wie folgt geändert:

1. In § 6 Abs. 1 wird nach Nummer 2 folgende Nummer 2a eingefügt: „2a. in Sachen seines Lebenspartners, auch wenn die Lebenspartnerschaft nicht mehr besteht;".
2. Nach § 45 Abs. 5 wird folgender Absatz 6 angefügt: „(6) Die vorstehenden Regelungen gelten für Lebenspartnerschaften entsprechend."
   3. § 50 Abs. 2 Satz 1 Nr. 3 wird wie folgt gefasst:

„3. Gegenstand des Verfahrens die Wegnahme des Kindes von der Pflegeperson (§ 1632 Abs. 4 des Bürgerlichen Gesetzbuchs) oder von dem Ehegatten, dem Lebenspartner oder Umgangsberechtigten (§ 1682 des Bürgerlichen Gesetzbuchs) ist."

4. § 50c Satz 2 wird wie folgt gefasst: „Satz 1 gilt entsprechend, wenn das Kind auf Grund einer Entschei-

dung nach § 1682 des Bürgerlichen Gesetzbuchs bei dem dort genannten Ehegatten, Lebenspartner oder Umgangsberechtigten lebt."

5. § 53 Abs. 1 Satz 1 wird wie folgt gefasst:
„Eine Verfügung, durch die auf Antrag die Ermächtigung oder die Zustimmung eines anderen zu einem Rechtsgeschäft ersetzt oder die Beschränkung oder Ausschließung der Berechtigung des Ehegatten oder Lebenspartners, Geschäfte mit Wirkung für den anderen Ehegatten oder Lebenspartner zu besorgen (§ 1357 Abs. 2 Satz 1 des Bürgerlichen Gesetzbuchs, auch in Verbindung mit § 8 Abs. 2 des Lebenspartnerschaftsgesetzes), aufgehoben wird, wird erst mit der Rechtskraft wirksam."
6. § 55b Abs. 1 Satz 1 wird wie folgt gefasst:
„In dem Verfahren, das die Feststellung des Vaters eines Kindes zum Gegenstand hat, hat das Gericht die Mutter des Kindes sowie, wenn der Mann gestorben ist, dessen Ehefrau, Lebenspartner, Eltern und Kinder zu hören."
7. § 68a Satz 3 wird wie folgt gefasst:
„In der Regel ist auch dem Ehegatten des Betroffenen, seinem Lebenspartner, seinen Eltern, Pflegeeltern und Kindern Gelegenheit zur Äußerung zu geben, es sei denn, der Betroffene widerspricht mit erheblichen Gründen."
8. § 69g Abs. 1 Satz 1 wird wie folgt gefasst:
„Die Beschwerde gegen die Bestellung eines Betreuers von Amts wegen, die Anordnung eines Einwilligungsvorbehalts und eine Entscheidung, durch die die Bestellung eines Betreuers oder die Anordnung eines Einwilligungsvorbehalts abgelehnt wird, steht unbeschadet des § 20 dem Ehegatten des Betroffenen, dem Lebenspartner des Betroffenen, denjenigen, die mit dem Betroffenen in gerader Linie verwandt oder verschwägert, in der Seitenlinie bis zum dritten Grad verwandt sind, sowie der zuständigen Behörde zu."
9. In § 70d Abs. 1 wird nach Nummer 1 folgende Nummer 1a eingefügt:
„1a. dem Lebenspartner des Betroffenen, wenn die Lebenspartner nicht dauernd getrennt leben,".

§ 20
Gesetz über das gerichtliche Verfahren bei Freiheitsentziehungen

Das Gesetz über das gerichtliche Verfahren bei Freiheitsentziehungen in der im Bundesgesetzblatt Teil III, Gliederungsnummer 316-1, veröffentlichten bereinigten Fassung, zuletzt geändert durch Artikel 2 § 23 des Gesetzes vom 20. Juli 2000 (BGBl. I S. 1045), wird wie folgt geändert:

1. In § 5 Abs. 3 wird nach Satz 2 folgender Satz eingefügt: „Gleiches gilt für den Lebenspartner."
2. § 6 Abs. 2 Buchstabe b wird wie folgt gefasst:

„den nach § 5 Abs. 3 Satz 1 bis 3 zu hörenden Personen;".

§ 21
Sozialgerichtsgesetz

In § 73 Abs. 2 Satz 2 des Sozialgerichtsgesetzes in der Fassung der Bekanntmachung vom 23. September 1975 (BGBl. I S. 2535), das zuletzt durch Artikel 22 des Gesetzes vom 21. Dezember 2000 (BGBl. I S. 1983) geändert worden ist, werden nach dem Wort „Ehegatten" die Wörter „oder Lebenspartnern" eingefügt.

§ 22
Gerichtskostengesetz

Das Gerichtskostengesetz in der Fassung der Bekanntmachung vom 15. Dezember 1975 (BGBl. I S. 3047), zuletzt geändert durch Artikel 3 des Gesetzes vom 19. Dezember 2000 (BGBl. I S. 1757), wird wie folgt geändert:

1. § 1 Abs. 2 wird wie folgt gefasst:
   „(2) Die Vorschriften dieses Gesetzes über die Erhebung von Kosten für das Verfahren vor den ordentlichen Gerichten nach der Zivilprozessordnung gelten auch für Familiensachen des § 621 Abs. 1 Nr. 1 bis 3, 6, 7 und 9 der Zivilprozessordnung, die Folgesachen einer Scheidungssache sind, und Lebenspartnerschaftssachen des § 661

Abs. 1 Nr. 5 und 7 der Zivilprozessordnung, die Folgesachen eines Verfahrens über die Aufhebung der Lebenspartnerschaft sind. Für Familiensachen des § 621 Abs. 1 Nr. 9 der Zivilprozessordnung und Lebenspartnerschaftssachen des § 661 Abs. 1 Nr. 7 der Zivilprozessordnung gelten sie auch dann, wenn nach § 621a Abs. 2 der Zivilprozessordnung, auch in Verbindung mit § 661 Abs. 2 der Zivilprozessordnung, einheitlich durch Urteil zu entscheiden ist."

2. § 12 wird wie folgt geändert:
   1. In der Überschrift werden das Wort „und" durch ein Komma und das Wort „Familiensachen" durch die Wörter „Familien- und Lebenspartnerschaftssachen" ersetzt.
   2. In Absatz 1 Satz 1 wird das Wort „Familiensachen" durch die Wörter „Familien und Lebenspartnerschaftssachen" ersetzt.

§61
Fälligkeit der Gebühren

(1) In folgenden Verfahren wird die Gebühr mit der Einreichung der Klage-, Antrags-, Einspruchs- oder Rechtsmittelschrift oder mit der Abgabe der entsprechenden Erklärung zu Protokoll fällig:
In bürgerlichen Rechtsstreitigkeiten einschließlich der Familiensachen nach § 621 Abs. 1 Nr. 4, 5, 8 und 11 der Zivilprozessordnung und nach § 621 Abs. 1 Nr. 10 der Zivilprozessordnung mit Ausnahme der Verfahren nach § 1600e Abs. 2 des Bürgerlichen Gesetzbuchs undder Lebenspartnerschaftssachen nach § 661 Abs. 1 Nr. 4 und 6 der Zivilprozessordnung; im Insolvenzverfahren und im schifffahrtsrechtlichen Verteilungsverfahren; in den Rechtsmittelverfahren des gewerblichen Rechtsschutzes (§ 1 Abs. 3).

(2) Soweit die Gebühr eine Entscheidung oder sonstige gerichtliche Handlung voraussetzt, wird sie mit dieser fällig."
In § 65 Abs. 2 werden nach dem Wort „Scheidungsfolgesachen" die Wörter „, für Folgesachen eines Verfahrens über die Aufhebung der Lebenspartnerschaft," und nach den Wörtern „der Zivilprozessord-

nung“ die Angabe „, Verfahren nach § 661 Abs. 1 Nr. 7 der Zivilprozessordnung“ eingefügt.

Die Anlage 1 wird wie folgt geändert:

1. In der Gliederung wird die Überschrift zu Teil 1 wie folgt gefasst:

„Teil 1

Bürgerliche Rechtsstreitigkeiten, Familien- und Lebenspartnerschaftssachen (§ 1 Abs. 2) sowie Beschwerdeverfahren nach dem Gesetz gegen Wettbewerbsbeschränkungen vor den ordentlichen Gerichten außer Verfahren der Zwangsversteigerung und Zwangsverwaltung“.

In der Gliederung zu Teil 1 wird die Nummer V wie folgt gefasst:

Verfahren in Ehesachen, Folgesachen von Scheidungssachen, Lebenspartnerschaftssachen nach § 661 Abs. 1 Nr. 1 bis 3 ZPO und Folgesachen eines Verfahrens über die Aufhebung der Lebenspartnerschaft“.

In Teil 1 wird die Überschrift des Teils 1 wie folgt gefasst:

Teil 1

Bürgerliche Rechtsstreitigkeiten, Familien- und Lebenspartnerschaftssachen (§ 1 Abs. 2) sowie Beschwerdeverfahren nach dem Gesetz gegen Wettbewerbsbeschränkungen vor den ordentlichen Gerichten außer Verfahren der Zwangsversteigerung und Zwangsverwaltung“.

In Teil 1 wird die Überschrift des Hauptabschnitts V wie folgt gefasst:

Verfahren in Ehesachen, Folgesachen von Scheidungssachen, Lebenspartnerschaftssachen nach § 661 Abs. 1 Nr. 1 bis 3 ZPO und Folgesachen eines Verfahrens über die Aufhebung der Lebenspartnerschaft“.

In der Vorbemerkung vor Nummer 1516 wird das Wort „Scheidungsfolgesachen“ durch das Wort „Folgesachen“ ersetzt.

Im Hauptabschnitt V des Teils 1 wird die Überschrift des 2. Abschnitts wie folgt gefasst: „Berufungsverfahren, Beschwerden in Folgesachen nach § 629a Abs. 2 ZPO, auch i.V.m. § 661 Abs. 2 ZPO“.

In der Vorbemerkung vor Nummer 1526 wird das Wort „Scheidungsfolgesachen“ durch das Wort Folgesachen“ ersetzt.

Im Hauptabschnitt V des Teils 1 wird die Überschrift des 3. Abschnitts wie folgt gefasst: „Revisionsverfahren, Beschwerden in Folgesachen nach § 629a Abs. 2 ZPO, auch i.V.m. § 661 Abs. 2 ZPO“.
In der Vorbemerkung vor Nummer 1536 wird das Wort „Scheidungsfolgesachen“ durch das Wort „Folgesachen“ ersetzt.

In den Nummern 1701 und 1702 werden jeweils beim Gebührentatbestand nach der Angabe „ZPO“ ein Komma und die Angabe „auch i.V.m. § 661 Abs. 2 ZPO“ angefügt.

§ 23
Kostenordnung

Die Kostenordnung in der im Bundesgesetzblatt Teil III, Gliederungsnummer 361-1, veröffentlichten bereinigten Fassung, zuletzt geändert durch Artikel 7 des Gesetzes vom 24. Februar 2000 (BGBl. I S. 154), wird wie folgt geändert:

1. In § 24 Abs. 3 werden die Wörter „dem Ehegatten oder einem früheren Ehegatten“ durch die Wörter „dem Ehegatten, einem früheren Ehegatten, dem Lebenspartner oder einem früheren Lebenspartner“ ersetzt und nach den Wörtern „die Schwägerschaft begründende Ehe“ die Wörter „oder die Lebenspartnerschaft, aufgrund derer jemand als verschwägert gilt,“ eingefügt.
2. Dem § 39 Abs. 3 wird folgender Satz angefügt:
   „Die Sätze 1 bis 3 gelten entsprechend bei Lebenspartnerschaftsverträgen.“
3. In § 46 Abs. 3 werden nach dem Wort „Ehevertrag“ die Wörter „oder einem Lebenspartnerschaftsvertrag“ eingefügt.
4. In § 60 Abs. 2 werden nach dem Wort „Ehegatten“ ein Komma und die Wörter „des Lebenspartners“ eingefügt.

5. Die Überschrift des 4. Unterabschnitts des Zweiten Abschnitts wird wie folgt gefasst:
   „4. Familienrechtliche Angelegenheiten und Lebenspartnerschaftssachen.
6. In § 97 Abs. 1 wird in Nummer 3 der Punkt durch ein Semikolon ersetzt; folgende Nummer 4 wird angefügt:
   für Entscheidungen, welche die persönlichen Rechtsbeziehungen der Lebenspartner oder früheren Lebenspartner zueinander oder den Vermögensstand der Lebenspartner betreffen."

I. Anhang 3: Gesetzesänderung zum 01.01.2005

Wie sehr das Lebenspartnerschaftsrecht in Bewegung ist, zeigt auch die Tatsache, dass es seit Inkrafttreten des Gesetzes mehrere Initiativen gegeben hat, die bestehende Gesetzeslage zu erweitern und zu verbessern. Von besonderer Bedeutung ist dabei die Drucksache 15/3445, die am 2. Juli auf der Tagesordnung des Bundestages steht. Sie ist nicht nur deshalb so bedeutsam, weil sie einen großen Schritt zur Gleichstellung von Lebenspartnerschaft und Ehe darstellt, sondern auch, weil sie von der Regierungskoalition gestützt wird und die Verabschiedung dieses Gesetzes aufgrund der Mehrheitsverhältnisse im Bundestag daher als sicher angesehen werden kann. Da die Regelungsbereiche außerdem nicht durch den Bundesrat zustimmungspflichtig sind, ist davon auszugehen, dass dieses Gesetz zum 1. Januar 2005 in Kraft treten wird. Die wesentlichen Gesetzesänderungen sollen deshalb an dieser Stelle kurz dargestellt und erläutert werden.

I. „Verlöbnis"

Bisher kannte das Lebenspartnerschaftsrecht das der Ehe entsprechende „Verlöbnis" nicht. Dieses wird nun ab dem 1. Januar 2005 auch für gleichgeschlechtliche Lebenspartner möglich sein. Auch die Lebenspartner werden also in Zukunft die Möglichkeit haben, sich zu „verloben" und damit bestimmte Rechte zu begründen.

Von besonderer Bedeutung ist in diesem Zusammenhang das mit dem „Verlöbnis" verbundene Zeugnis- und Aussageverweigerungsrecht. Versprechen sich also zwei gleichgeschlechtliche Partner, die Lebenspartnerschaft eingehen zu wollen, sind sie damit Verlobten gleichzustellen. Sie müssen daher weder in einem Zivil- noch in einem Strafprozess gegen den jeweils anderen und dessen Familienangehörige aussagen.

Außerdem begründet das „Verlöbnis" zivilrechtliche Ansprüche, die aber eher von marginaler Bedeutung sein werden.
Zwar kann aus dem Versprechen, die Lebenspartnerschaft eingehen zu wollen, nicht auf Erfüllung dieses Versprechens geklagt werden, um somit die Lebenspartnerschaft zu erzwingen. Allerdings sieht das Gesetz nun etwaige Schadensersatzansprüche vor, wenn nach der „Verlobung" die Lebenspartnerschaft nicht geschlossen wird. So wird das Gesetz nach der erfolgten Gesetzesänderung zum 1.1.2005 eine Möglichkeit vorsehen, („Verlobungs"-) Geschenke zurückzufordern oder Aufwendungen, die in Erwartung der Partnerschaftsbegründung gemacht wurden, erstattet zu verlangen. Hat beispielsweise der eine Partner seine Wohnung und seinen Job aufgegeben, um zu dem anderen in eine andere Stadt zu ziehen, weil dieser sich mit ihm „verlobt" und ihm damit die Begründung der Lebenspartnerschaft versprochen hat, so kann er den ihm daraus entstehenden Schaden ersetzt verlangen, wenn die Lebenspartnerschaft nicht begründet wird.

II. Güterstand

Eine weitere Änderung, die ab 1. Januar 2005 in Kraft treten wird, bezieht sich auf den Güterstand. Statt der Ausgleichsgemeinschaft und der Vermögenstrennung werden auch für die Lebenspartnerschaft nunmehr die Zugewinngemeinschaft und die Gütertrennung eingeführt. Dies hat vor allem begriffliche Bedeutung und stellt einen erheblichen Schritt zur Gleichstellung der Lebenspartnerschaft mit der Ehe dar.

Inhaltlich ändert sich allerdings wenig, da die Ausgleichsgemeinschaft der Zugewinngemeinschaft und die Vermögenstrennung der Gütertrennung ohnehin nachgebildet waren. Zur Begründung der Lebenspartnerschaft müssen die Lebenspartner aber ab Januar 2005 keine Vorab-Erklärung über ihren Vermögensstand mehr machen. Der Regelfall wird dann, wie bei der Eheschließung, die Zugewinngemeinschaft. Lediglich, wenn die Lebenspartner etwas anderes vereinbaren wollen, müssen sie einen (notariell beurkundeten) Partnerschaftsvertrag
abschließen. Außerdem wird ab Januar 2005 die gesetzlich festgelegte Möglichkeit eröffnet, eine Gütertrennung auch für Lebenspartner in das Güterrechtsregister einzutragen. Damit kann auch die Gütertrennung der Lebenspartner die gleichen Außenwirkungen entfalten wie bei Eheleuten.

Eine weitere Erneuerung ist darüber hinaus, dass nunmehr auch den Lebenspartnerschaften die bisher versagte Gütergemeinschaft offen steht. Auch dies muss im Rahmen eines notariell beurkundeten Partnerschaftsvertrag bestimmt werden. Die Gütergemeinschaft ist aber in der heutigen Zeit aufgrund ihrer nicht unerheblichen Nachteile und Bindungswirkungen schon in der Ehe ein kaum gewählter Güterstand. Die praktische Relevanz im Lebenspartnerschaftsrecht dürfte daher ebenfalls gen Null tendieren.

Für Lebenspartnerschaften, die bereits vor dem 1. Januar 2005 bestanden, und für die die Ausgleichsgemeinschaft gilt, sollen ab Januar 2005 automatisch die Regelungen zum Zugewinnausgleich gelten. Da die Vorschriften zur Ausgleichsgemeinschaft aber zumindest inhaltlich der Zugewinngemeinschaft entsprechen, dürfte diese Regelung mehr formaljuristische, als praktische Bedeutung haben.

III. Aufhebung der Lebenspartnerschaft

Eine wesentliche Rechtsänderung enthält das voraussichtlich zum 1. Januar 2005 in Kraft tretende Gesetz hinsichtlich der Aufhebung der Lebenspartnerschaft. Genügt es bisher, dass entweder beide Lebenspartner in einer öffentlich beurkundeten Erklärung feststellen, dass sie die Lebenspartnerschaft nicht fortführen wollen und 12 Monate seit dieser Erklärung vergangen sind oder einer der Lebenspartner diese Erklärung abgibt und seit der Erklärung 36 Monate vergangen sind, so soll dies ab Januar 2005 nicht mehr ausreichen.
Wie bei der Ehe soll zukünftig als Voraussetzung für die Aufhebung der Lebenspartnerschaft nunmehr die Trennung eingeführt werden. Im Gleichklang zur Ehe soll dabei eine Trennung vorliegen, wenn eine häusliche Gemeinschaft zwischen den Lebenspartnern nicht mehr besteht und zumindest einer der Lebenspartner diese auch nicht mehr herstellen möchte, weil er die lebenspartnerschaftliche Gemeinschaft ablehnt.

Eine Aufhebung der Lebenspartnerschaft kommt daher zukünftig nur in Betracht, wenn die Lebenspartner mindestens ein Jahr getrennt leben und beide Lebenspartner die Aufhebung beantragen oder der andere Lebenspartner dem Antrag zumindest zustimmt.
Ohne einen übereinstimmenden Antrag bzw. die Zustimmung des anderen, soll eine Aufhebung der Lebenspartnerschaft daher in Anlehnung an die Ehe zukünftig nur möglich sein, wenn die Trennung mindestens drei Jahre bestanden hat.
Außerdem sieht das Lebenspartnerschaftsrecht mit der Gesetzesänderung erstmalig vor, dass eine Lebenspartnerschaft trotz der Trennungszeit von 36 Monaten nicht aufgehoben werden soll, wenn und solange die Aufhebung für den Lebenspartner, der sie ablehnt, aufgrund außergewöhnlicher Umstände eine besonders schwere Härte darstellen würde. Diese Regelung wird nur in absoluten Ausnahmefällen greifen, beispielsweise

weil einer der Partner schwer krank ist, und die Aufhebung ihn emotional so stark belastet, dass sich die Erkrankung dramatisch verschlechtern würde, so dass sie von kaum praktischer Bedeutung sein wird. Sie ist aber deshalb bemerkenswert, weil es eine entsprechende Vorschrift auch im Eherecht gibt, und die Gleichstellung der Lebenspartnerschaft mit der Ehe auch in diesem Umstand deutlich zu Tage tritt.

Außerdem stärkt die Gesetzesänderung das Unterhaltsrecht des wirtschaftlich schwächeren Lebenspartners, indem es die Regelungen zum Ehegattenunterhalt zur Anwendung bringt. Wollen die Partner einer bereits bestehenden Lebenspartnerschaft die derzeit noch geltenden Unterhaltsregelungen beibehalten, müssen sie dies bis spätestens zum 31. Dezember 2005 gegenüber dem für sie zuständigen Amtsgericht erklären. Die Erklärung muss von beiden in notariell beurkundeter Form abgegeben werden. Diese Erklärung muss dabei aber nicht gleichzeitig abgegeben werden, sondern kann auch von beiden Lebenspartnern nacheinander abgegeben werden. Schließt sich aber einer der Lebenspartner einer solchen Erklärung nicht an, gelten die ab Januar 2005 in Kraft tretenden Regelungen.

Tipp! Der wirtschaftlich schwächere Lebenspartner sollte sich also gut überlegen, ob er eine solche Zustimmungserklärung abgibt, da die neuen Regelungen für ihn günstiger sind als die derzeit bestehenden.

IV. Versorgungsausgleich

Neben den bisher aufgeführten Änderungen wird zum 1. Januar 2005 außerdem ein Rechtsinstitut auf die Lebenspartnerschaft erstreckt, das bisher nur Ehegatten vorbehalten ist: der Versorgungsausgleich.
Der Versorgungsausgleich sieht eine Beteiligung des weniger verdienenden

Lebenspartners an der Altersvorsorge des wirtschaftlich stärkeren Partners vor. Diese Beteiligung vollzieht sich folgendermaßen:

Es werden die in der Lebenspartnerschaft erworbenen Renten- oder Pensionsansprüche beider Lebenspartner miteinander verglichen. Die Differenz beider Anwartschaften wird halbiert und dem schlechter stehenden Lebenspartner gutgeschrieben.

Beispiel: Die Lebenspartnerschaft zwischen A und B besteht 5 Jahre. In dieser Zeit hat A als Besserverdienender 350 € Rentenanwartschaften begründet, während B aufgrund seiner geringeren Einkünfte nur 100 € Rentenanwartschaften erwirtschaften konnte. Die Differenz der Anwartschaften beläuft sich damit auf 250 € (350 – 100). Diese Differenz wird halbiert, so dass B auf seinem Rentenkonto 125 € gutgeschrieben bekommt, während dieser Betrag vom Rentenkonto des A abgezogen wird. Hiervon bemerken sowohl A als auch B erst etwas, wenn sie in Rente gehen. Der A erhält dann 125 € weniger Rente, während B 125 € mehr Rente erhält.

Soll der Versorgungsausgleich bei Aufhebung der Lebenspartnerschaft nicht durchgeführt werden, kann er in einem notariellen Vertrag ausgeschlossen werden. Hierbei ist aber zu beachten, dass zwischen dem vertraglichen Ausschluss des Versorgungsausgleiches und dem Antrag auf Aufhebung der Lebenspartnerschaft mindestens 1 Jahr liegen müssen, da der Ausschluss sonst unwirksam ist.

Auch für bereits bestehende Lebenspartnerschaften kann der Versorgungsausgleich zur Anwendung gebracht werden. Dafür wird es erforderlich sein, gegenüber dem zuständigen Amtsgericht eine entsprechende Erklärung abzugeben. Diese Erklärung muss von beiden Lebenspartnern in beurkundeter Form bis spätestens zum 31. Dezember 2005 vorgenommen werden.

V. Kindschaftsrechtliche Änderungen

Von ganz besonderer Bedeutung ist eine Neuerung des Lebenspartnerschaftsrechts im Hinblick auf die kindschaftsrechtlichen Regelungen. Wurde bisher nicht einmal die Stiefkindadoption zugelassen, soll dies zum 1. Januar 2005 anders werden. Dies stellt eine herausragende, gerade zu bahnbrechende Veränderung zu der bisherigen Rechtslage dar und bedeutet einen sehr großen Schritt zur Gleichstellung zwischen Lebenspartnerschaft und Ehe.

Zwar können Lebenspartner auch zukünftig ein Kind nicht gemeinsam adoptieren. Mit Wirkung vom 1. Januar 2005 soll es aber zumindest einem Lebenspartner ermöglicht werden, die Kinder des anderen Lebenspartners zu adoptieren („Stiefkindadoption"). Begründet beispielsweise A, die Mutter von 2 Kindern ist, die Lebenspartnerschaft mit ihrer Lebensgefährtin B, so wird es ab Januar 2005 möglich sein, dass B die Kinder ihrer Lebenspartnerin adoptiert. Wie bei Eheleuten wird damit das Verwandtschaftsverhältnis der Kinder zu B begründet, während das Verwandtschaftsverhältnis zu dem leiblichen Vater zumindest in rechtlicher Hinsicht aufgehoben wird. Dies gilt in gleicher Weise auch für die aus einer Elternschaft resultierenden Rechte und Pflichten, wie beispielsweise Unterhaltspflichten, Erb- oder Pflichtteilsrechte . Auch das Sorgerecht üben dann beide Lebenspartner gemeinsam aus. Somit wird zum ersten Mal in der Geschichte der Bundesrepublik die Möglichkeit geschaffen, dass Kinder rechtlich gesprochen zwei Mütter oder zwei Väter haben können. In jedem Fall ist es aber grundsätzlich erforderlich, dass der Elternteil, dessen Elternschaft durch die Adoption aufgehoben wird, einwilligt. Diese Einwilligung muss in notariell beurkundeter Form gegenüber dem Vormundschaftsgericht erklärt werden.

Eine weitere Verbesserung der Rechtslage von Lebenspartnerschaften mit Kindern ist die Schaffung der Möglichkeit, die Kinder einzubenennen

und damit einen einheitlichen Familiennamen zu bestimmen. Frau Müller, deren Sohn ebenfalls Müller heißt, begründet die Lebenspartnerschaft mit Frau Schmidt. Beide bestimmen zu ihrem Partnerschaftsnamen den Namen Schmidt. Das Kind lebt bei seiner Mutter und ihrer Lebenspartnerin. Ab Januar 2005 sieht das dann geltende Recht die Möglichkeit vor, auch dem Sohn der Frau Müller den Nachnamen Schmidt zu geben. Entstammt der Sohn einer Beziehung zwischen Frau Müller und Herrn Maier und hat alleine Frau Müller die elterliche Sorge, bedarf es hierfür der Zustimmung des Vaters nicht. Haben die Eltern dagegen die gemeinsame elterliche Sorge oder trägt der Sohn den Namen des Vaters, heißt dieser also auch Müller, dann muss der Vater einer Einbenennung zustimmen. Weigert sich der andere Elternteil seine Zustimmung zur Einbenennung zu erteilen, dann kann in Ausnahmefällen diese Einwilligung durch eine Entscheidung des Familiengerichts ersetzt werden.
Ist das einzubenennende Kind bereits fünf oder älter, bedarf es auch seiner Einwilligung. Ist das Kind noch nicht 14 Jahre alt, wird die Einwilligung des Kindes durch seinen gesetzlichen Vertreter abgegeben.

VI. Einbeziehung in die Hinterbliebenenversorgung

Eine weitere Verbesserung der Rechtssituation von Lebenspartner ist die Einbeziehung in die Hinterbliebenenversorgung. Mit Wirkung vom 1. Januar 2005 wird das Sozialgesetzbuch VI entsprechend geändert, so dass auch Lebenspartner Anspruch auf eine Witwenrente haben, wenn ihr vorverstorbener Lebenspartner gegen den Rentenversicherungsträger entsprechende Rentenansprüche besitzt. Gleiches gilt auch für Beamtenversorgungen oder Ansprüche nach dem Bundesversorgungsgesetz.
Vor diesem Hintergrund ist zu hoffen und damit zu rechnen, dass auch die Versorgungswerke der Ärzte, Apotheker und Rechtsanwälte zeitnah nachziehen werden.

Register

A

Adoption 66
Alleinverdiener 56
Amtliche Verwahrung 86
Angehörige 40
Arbeitslosengeld 49
Arbeitslosenhilfe 50
Ärztliche Schweigepflicht 44
Auflösung 27
Auflösungsverfahren 35
Ausbildungsförderung 51
Ausgleichsgemeinschaft 22
Ausländerrecht 53
Austauschgemeinschaft 83

B

Begründung der Lebenspartnerschaft 25
Behörde 20
Betreuung 44

C

Co-Elternschaft 77

D

Doppelverdiener 55

E

Eidesverweigerungsrecht 43
Einkommensteuer 44
Erbrecht 78
Erbschaftssteuer 89

F

Fürsorge 39

G

Gemeinschaftliches Testament 88
Geschäfte des täglichen Lebens 43
Getrenntleben 28
Grunderwerbssteuer 45

H

Haushaltsgegenstände 31
Hausrat 30, 31
Heterologen Insemination 68

I

In-Vitro-Fertilisation 74
Insemination 68
Instandhaltung 94

K

Kinder 65
Kleines Sorgerecht 60
Kosten 36, 99
Krankenkasse 45
Kündigung 96

L

Lebenspartnerschaftsgesetz 111
Lebenspartnerschaftsvertrag 24
Lebenspartnerschaftsvertrags 103
Leihmutter 67

M

Mietrecht 93
Mietwohnung 93
Mietzins 95

N

Namensrecht 38
Notsorgerecht 62

P

Prozesskostenhilfe 52

R

Rentenversicherung 45

S

Scheinpartnerschaft 19
Schwägerschaft 41
Sorgerecht 61
Sozialhilfe 51
Staatsangehörigkeitsrechts 54

T

Taschengeldanspruch 55
Testament 84
Trennung 28

U

Umgangsrecht 63
Unfallversicherung 48

V

Verbleibensanordnung 64
Verfügungsbefugnis 42
Vermögensstand 21
Vermögenstrennung 23, 83
Versorgungsausgleich 34
Verwandschaft 19
Volljährigkeit 18

W

Wohnberechtigungsschein 49
Wohngeld 48
Wohnungszuweisung 29, 31

Z

Zeugnisverweigerungsrecht 43
Zugewinnausgleich 33
Zuverdiener 55